U0016511

See Yourself with Friendly Eyes

內疚清理練習

寫給經常苛責自己的你

伊麗絲・桑德 Ilse Sand——著
黃怡雪——譯

內疚指數自我檢測

你容易覺得內疚嗎？

內疚和關係有關。在一段關係中，你會立刻對某些事情感到內疚；但在另一段關係中，對於同樣的事情卻不會那麼認真看待。因此，在做測驗時，應該要想著某個特定的對象。如果你測驗了數次，每次都想著不同的對象，就可以比較測驗的結果。

你在測驗中檢視的這個特定對象、這個跟你的內疚感有關的人，我稱之為「對方」。這個人可能會是你的男朋友、朋友、父母或同事。事實上，這個人可以是任何你想檢測自己對其有何反應的對象。以邏輯上來說，測驗結果將顯示你自己、對方及你們之間的關係是怎樣的狀態。

重點是記錄當下出現在腦中的答案，不要想太多。等到完成全部的測驗後，再去閱讀解析，否則可能會影響測驗結果。

以下１、２兩組共24道題目，請依據個人感受程度，逐題填入分數：

0：完全不符合　1：幾乎不符合　2：有一點符合

3：幾乎符合　4：完全符合

第1組問題

①如果注意到對方身上有我不喜歡的地方，我會感到內疚。（　）

②如果對方心情不好，我卻很開心，我會感到內疚。（　）

③如果對方覺得他比我所認為的還要聰明、還要漂亮、還要好，我會因為自己不那麼想討好他的想法，而感到內疚。（　）

④如果對方說的話讓我很想翻白眼，我會感到內疚。（　）

⑤如果我很想說些可能會傷害對方的真話，我會感到內疚。（　）

⑥如果我因為跟對方在一起的時候，沒有任何貢獻而覺得難受，我會感到內疚。（　）

⑦如果對方讓我知道他對我的期望很高，但我對他卻沒有同樣的看法，我會感到內疚。（　）

⑧如果對方邀請我去參加他的生日派對，我卻不想接受邀請，我會感到內疚。（　）

⑨如果對方自豪地對我展示他做的某樣東西，我卻不喜歡，我會感到內疚。（　）

⑩如果對方生病，我會因為自己沒事且開心而感到內疚。（　）

⑪如果我因為對方無力改變的某件事而對他生氣，比如他的外表，我會感到內疚。（　）

第1組問題合計（　）分

第2組問題

⑫如果對方和我計畫一起出去，我卻太晚取消，我會感到內疚。（　）

⑬如果我和對方在一起的時候，多半是我在說話，我會感到內疚。（　）

⑭如果對方心情不好，我會感到內疚，覺得自己應該做更多、幫他心情變好。（　）

⑮如果對方覺得我毀了他想做的某件事，我會過意不去，並且道歉。（　）

⑯如果對方來看我，但氣氛有點低迷，我會猜想是不是自己做錯了什麼。（　）

⑰如果對方在我面前露出不贊成的表情，我會急切地煩惱自己可以做些什麼，

好讓他用開心的表情看著我。（ ）
⑱如果對方心情不好，我會感到內疚，絞盡腦汁找出我做錯了什麼。（ ）
⑲如果對方不滿意我所做的事情，我會感到內疚，並試圖改變自己的行為。（ ）
⑳如果我和對方關於某件事的談話引不起我的興趣，無法努力認真聆聽，我會感到內疚。（ ）
㉑如果對方打電話來的時候我沒有接，我會感到內疚。（ ）
㉒如果我忘了對方的生日，我會感到內疚。（ ）
㉓如果我說的話傷害到對方，我會感到內疚，即使我不是故意的。（ ）
㉔如果我和對方約定見面，卻遲到超過十五分鐘，我會感到內疚。（ ）

第2組問題合計（ ）分

第1組+第2組合計（ ）分

第1組問題的總分應該會落在0～44分之間。
第2組問題的總分應該會落在0～52分之間。
把兩組問題分數相加，你的總分應該會落在0～96分之間。
檢測解析請見書末第233頁。

目錄 CONTENTS

第4章 專注在你的生命藍圖和個人守則上 071

第5章 別讓恐懼控制你 093

推薦序——

你也是高敏感、良心過剩的人嗎？

周志建

「健康的羞愧」是好的，它會讓我們成為一個有反思、有界線、能自我負責的人。

但「不健康的羞愧」卻會讓我們動輒得咎，經常感到內疚、良心不安，這就是現在所流行的術語：「高敏感族」。

現今這種高敏感、良心過剩的人很多，他們通常活得比一般人辛苦。

根據我的諮商實務經驗，會造成一個人高敏感、容易內疚、自責的根源，其實就是來自你的「童年經驗」。

小時候父母對我們的不當管教、批評、控制，甚至語言暴力、情緒暴力、虐待等等，這些都會讓孩子身心嚴重受創。如果沒有療癒，長大以後我們就會「內化」父母的暴力語言與批判，在心中形成一個「挑剔鬼」，繼續自我批判、時時感到自責、內疚，而這就是讓你活得不得安寧的原因。

不要小看童年的受虐經驗，它會讓我們變成一個「低自尊」的人。因為低自尊，所以我們會一直覺得：我「應該」為別人的情緒負責，別人不快樂、過的不好都是我的錯。

如果想要好好過生活、停止內心的內疚與自責，那麼我們就必須讓自己內在那個「挑剔鬼」閉嘴。具體做法就是書上所提的：做一個有界線的人。

有了界線以後你才能夠去分辨：哪些是我的責任、是我該負責的；而哪些不關我的事，我們得把責任還給別人。

有了清楚的界線以後，你才能清悠度日。

如果你也是一個良知過剩、屬於高敏感族群的人，建議你閱讀這本書，或許對你會有幫助。

（本文作者爲資深心理師、故事療癒作家）

作者序——

善待自己，重拾強大的自我力量

「良心」，是我們用來評價自己的標準。你現在之所以閱讀這本書，或許就是因為你偶爾會用嚴厲的眼光評斷自己。

自我評價可能是真實的，但往往受到許多影響，而變得過於負面。能感到內疚、良心不安，是好事。這顯示你是個負責任的人，想對自己和他人的人生產生正面的貢獻。

你或許不會在人生的每個面向都認真負責。有些人熱衷於環境保育，有些人則會在解決實際問題上承擔許多責任。本書主要講述我們「在關係中」承擔的責任。

比如說，有些人很快就會覺得要對不好的氣氛、某個過得不好或感到受傷的人負責，而讓自己因為過度的內疚感到不堪負荷。有些人卻很少或從來不覺得自己應該為任何負面的情況感到內疚。

大多數人都介於這兩個極端中間的某個位置，但我們終其一生都會來回擺盪。我們會擁有好時光，或有一段時間用正面的眼光看待自己和我們的人生；接著壞時光會到來，我們會因為批評和良心不安而感到極大壓力，覺得自己不符合標準。

我當牧師時，有多年時間都在聆聽因內疚或良心不安而沮喪的人分享他們的心情。成為心理治療師之後，我也開始有機會幫助人們從更深的心理層面檢視自己的情緒。

此外，在意識到我的一些內疚感其實並非出於真實，或是過於誇大後，我才感覺到自己可以變得更有活力。我會在前言中再談論這部分。

本書提供了一些工具，可以清除你的良心不安，訓練你用友善的眼光看待自己。此外，你可以學到如何針對人生中已經形成的原則和規矩做出改變、擺脫不屬於自己該擔下的責任、和你的恐懼成為朋友，並拋開讓你感到疲憊的一切掙扎。本書也會帶領你找回力量，承認自己真正應該負起的責任，與相關的其他人共同分擔責任——甚至原諒自己。

在進入本書內容前，你可以先做我們提供的測驗——內疚感自我檢測量表，帶你評量自己的內疚指數。

第一章解釋何謂良心不安，也探討有時可以用正向的方式運用自我批評，而其他時候那就只是個壞習慣。

本書有三個章節講述缺乏責任感。當不好的事情發生時，你身邊親密的朋友或家人可能會選擇閃躲責任。如果你很容易良心不安，就會成為這些人推卸責任與內疚感的頭號目標。因此，了解此過程的運轉機制和保護自己的方法，是非常重要的。

每一章的結尾都提供了練習，幫助你明白自己內疚或不足的感受，讓你更能分辨哪些感受是出於理性的，哪些則是超出比例的。

最後，我們列出書中所有的內疚清理練習，方便你快速查找與吸收。

祝福你在這趟發現自己的良心、探究關係的維繫，以及了解你自己的旅程中，一切順利。

前言——

脫離內疚掌控，獲得內心自由

如果不接母親打來的電話，他就會感到內疚。因此，即使是在他不想被打擾的時候，他也總是會接電話……

她很喜歡吃香蕉，很想在工作時把碗裡裝的香蕉都吃光，但如果吃超過一根，她就會覺得良心不安……

他很討厭運動，但每週總要出門跑步一、兩次，否則就會感到內疚——因為他曾經發誓要保持身材，卻又無法遵守對自己的承諾……

內疚、自責和良心不安，在控管行為上扮演著重要角色。我們所做的行為並不會和所想的完全相同，我們會仔細考量、給別人留餘地、分享要做的事，並試著遵守對自己許下的承諾。

我一直很容易出現良心不安的感覺，即使那時我還只是個住在位於丹麥北方農場的小女孩。

有一次，我捉到兩隻蟾蜍，在臉盆裡裝滿沙子和水，好讓牠們在裡面游泳。之後，就完全忘了牠們。後來，當我終於想起這件事並跑到地下室查看的時候，牠們已經死了。當時我年紀還小，但知道那是我的錯。這讓我很不開心，而且羞愧到根本不敢告訴任何人。

即使我還是常會承擔太多責任，但也很了解該如何適時迴避責任。只要說到實際上的日常瑣事，有時候我會設法讓自己隱形，直到有人加緊努力去做這些事。

這和我愛的人所承受的痛苦是不同的。有一天，我去醫院探望母親。穿過其中一間病房時，我正好走過一面鏡子，並對著鏡中的自己微笑。我為自己感到驕傲，因為我設法把那次的探訪擠進忙碌的行程表中；即使一路開了一百三十多公里的車，讓我感到筋疲力盡。

兩小時後，我在同一面鏡子看到自己的影像，頓時害怕地倒退了幾步。我的臉色既蠟黃又鐵青，看起來就像個得了重度憂鬱症的人。我因為良心不安而感到心力交瘁，以致根本無法用清晰的腦袋思考。

那時候，我並不確定讓我感到最心力交瘁的，是跟我的母親在一起。可能是她說起隔壁床那位女士的故事——後者的兒子每天都會來看她，即使他住的地方跟醫院的距離比我還要遠；或者是她看著我的眼神，也可能僅僅是我們之間淡薄的情感連結。

不管是長大後或小時候，跟母親相關的情緒中，我最常感受到的就是內疚。我知道那是不理性的，但還是花了幾十年的時間才脫離內疚的掌控，讓隱藏在內疚後面的其他情緒能有抒發的空間。

此外，因為了解了內疚和責任的運轉機制，才終於幫助我鬆開內疚的箝制，並意識到責任是有限的。當我理解到良心不安可能會掩蓋其他情緒時，這一切對我而言就全說得通了。當我能接納自己在內疚變淡時流露出的無助和悲哀，自由也跟著到來；當恢復了自己的權利——可以擁抱全然稀鬆平常的感受，像是憤怒、無助和快樂時，我才感到真正被解放。

我希望能以自己的個人生活，甚至擔任牧師和心理治療師工作中的經驗，幫助各位拋開心裡可能有的、過多的內疚感，好讓你能以友善的眼光看待自己、感覺更加完整、在關係中變得更加自在。

第一章

內疚與良心不安

當你做了某件會帶來負面影響的事情時，就會產生良心不安的感覺。比如說，朋友很期待和你一起出去，你卻取消了約會；或是你原本發誓要去健身房運動，卻待在沙發上伸懶腰。

感到內疚＝成為某件壞事發生的原因

良心不安，是因為你做了某件傷害自己／他人的事情，或是這件事和你自己／他人的價值觀互相矛盾，而讓你苦惱。你也可能因為沒做到某件自己／他人覺得你應該做到的事，而產生罪惡感。如你所見，內疚感和良心不安，基本上是同一件事。在本書中，我會交替運用這兩個詞彙。

良心不安，可以帶領你，也可能會誤導你。有時候，良心不安會誘使你去彌補某件事；有時候則可能會給你壓力，讓你做出超越自己能力範圍的事，或是讓你對自己和價值觀妥協。

比起責任本身，內疚感的威力更能說明你是個怎樣的人。你可能確實犯了錯，卻不覺得內疚；你也可能儘管覺得內疚，但事實上並沒有做錯什麼。

同樣的，比起你是個怎樣的人，有時候你的良心不安更能說明讓你感到內疚的對象，或你和對方的關係。如果做了書前的檢測量表，你就會發現，進行測驗的時候若想著不同的人，將影響測驗的結果。或許你早已注意到，自己對某些小失誤感到內疚（例如遲到五分鐘），因為這項失誤跟某個特定對象有關；但要是換了個對象，你便一點也不會感到困擾。

當目標換成自己而非其他人，你良心不安的程度，也可能有所差別。

例如：

即使我對自己承諾星期六要放鬆一整天、不安排任何計畫，到最後我還是沒辦法拒絕朋友，因爲他想跟我一起出門閒晃。如果我拒絕他，他會覺得心情不好，我也會因此感到內疚。

——卡琳娜，28歲

卡琳娜選擇了讓她不那麼內疚的方式：接受朋友的邀請。假設換做其他人，拒絕朋友或許不會有任何困難，但因為卡琳娜非常重視她對自己許下的承諾，因此比起拒絕朋友，打破自己的誓言會讓她更內疚。

理性或不理性

若你的良心不安或多或少和你已做或是沒做的事情有關，它就是理性的內疚。比如說，排隊時不小心撞到別人，良心不安會讓你想道歉，這是很合理的。如果你正為了減肥而節食，卻吃了冰淇淋聖代，或是沒有按照自己的計畫運動，或是在某些方面沒有遵循你的決心或價值觀，因而感到內疚，你的良心不安將會促使你走向對的方向。

如果你感到內疚，卻不太明白確切的原因，或是這種內疚感是因為某件超出你控制範圍的意外或狀況，那麼你的良心不安就是不理性的。

理性的良心不安——你感到內疚的程度，會和你對當下的狀況有多大的影響力，以及因此造成多大的傷害相對應。

不理性的良心不安——以當下狀況而言，你內疚的程度太誇大了。

懂得分辨這兩種良心不安是很重要的，因為它們必須用不同的方式處理。你必須明白，不理性的罪惡感是不恰當的，或是往往曲解了現實。有關如何應對不理性的良心不安，你可以閱讀第十一章。在本章，我們先專注討論理性的部分。

你必須正面迎擊和當下面臨的情況有關的內疚感，但不應允許內疚對自己的生活握有太多掌控權。

對你來說，承認理性的內疚並察覺到良心不安是很困難的，你可能會很容易落入陷阱、運用不適當的策略，最後對你和其他人的關係造成不好的結果。

避免感到良心不安的錯誤策略

如果可以一直讓每個人（包活你自己）都開心，就能避免產生良心不安的感覺；不幸的是，這種情況通常很少發生，你往往必須做出選擇並排定優先順序。假如你受邀參加在同一天舉辦的兩場聚會，你一定會讓其中一個人失望。假如你選擇把週末的時間都花在整理院子上，你可能會感到內疚，因為你沒有打掃房子，也因此不符合自己對清潔的標準（或是因整理院子而沒能去探視真的很需要跟你見面的朋友）。

問題在於，你如何處理自己的良心不安。以下說明兩種最常用的策略。我把第一種稱為鴕鳥法，指的是動物把頭埋在沙子裡，好避免看到令自己恐懼的東西。第二種則是螞蟻法，因為螞蟻的特性除了體型小，還很勤勞。

鴕鳥法：有些人無法承認他們已經做出了選擇。他們總是能解釋為什麼他們必須這樣做，或是他們是因為別人才這樣做的。

螞蟻法：有些人會盡他們所能，讓周圍的人感到開心和滿足，希望避免任何壞事發生。如果他們這麼努力卻還是失敗了，而且人們還感到失望的話，他們就會盡其所能做出補償，比如說，會變得極度合作、極力取悅他人，或是自欺欺人。

這兩種策略都會讓關係變得困難。

採取鴕鳥法，將很難在衝突過後與對方和解。假使你根本不認為自己是罪魁禍首，就不容易選擇各退一步、幫助彼此承擔自己對當下狀況該負起的責任，比方說，你們之間糟糕的氣氛。

採取螞蟻法，則可能容易感到筋疲力盡、開始愈來愈不在乎關係中的對方，因為你對他的期待或要求毫不設限。此外，你可能會面臨壓力過大的風險，或是因此感到沮喪。你也會讓自己變得渺小，因為你成了別人期待的奴隸。

如果你因為內疚而不堪負荷，我在後續章節會介紹可以使用的替代策略。在這裡，我們先來檢視良心不安的感覺中所包含的情緒。

良心不安的組成元素

我們可以區分基本和複雜的情緒。在所有文化和國家的人身上，以及動物世界中較進化的物種身上，都能看到基本的情緒。除此之外的所有其他情緒，則可以解釋為基本情緒的各種混合形式。

對於哪些情緒應該被視為基本的情緒，其實沒有定論。但所有心理學家都同意，以下四種情緒屬於基本情緒：

- 憤怒
- 恐懼／焦慮
- 悲傷
- 快樂

這四種情緒，足以解釋我們大多數的感受。比如說，悲傷和憤怒混合就等於失望，而焦慮和快樂混合則等於興奮。

良心不安的感覺通常包含以上情緒，其中憤怒經常會被壓抑。

憤怒：你會責備或怪罪自己。

恐懼：你會害怕其他人／自己的憤怒或評斷。或者，你可能會擔心事情以某種方式變得對你不利。

悲傷：你會希望自己或其他人有不同的行為表現，或是情況可以有所不同。

快樂：你會因為某件事不是發生在你身上，而覺得感激或是壞心地感到高興。

以下幾個關於良心不安的例子，各自都包含三到四種基本的情緒：

有一天，我覺得壓力爆表。當時我在開車，沒看到前方有輛車，因此撞上了它，還把車身撞凹了一個洞。我感到很內疚，因爲對交通狀況不夠警覺而怪罪我自己，也害怕男朋友和另一輛車的駕駛會生氣。修理車身凹洞必須花錢，我也得承認自己根本就不是自以爲的完美駕駛。我感到很抱歉。然而，我其實有些慶幸，因爲我的車只有一道小刮痕，不像另一輛車上的大凹洞。

——珍，25歲

我整天都在玩電腦遊戲，即使早已承諾自己要收拾住處。由於沒完成該做的事，那天晚上我很內疚，也對自己生氣，還害怕大家會批評我，因爲我的公寓既亂又髒。我覺得心情很不好——顯然我沒有遵循這個自己所期待的自我形象，要表現得整潔又有紀律。

——烏雅，38歲

悲傷很少會是造成問題的原因，它其實是一種健康的反應——除了你自己之外，也會讓別人想幫你或照顧你；另一方面，壓抑的憤怒卻會使你感到筋疲力盡。害怕自己或他人的憤怒或批評，則會導致自我壓抑。

後面的章節中會有更多說明。

你可以這樣練習

為情緒分配比例

回想某個曾讓你感到內疚的情境。仔細想想其中各種基本情緒的程度。如果你想的話，可以在每種情緒上加上百分比。例如：

- 壓抑的憤怒：20%
- 恐懼：70%
- 悲傷：8%
- 快樂：2%

本章重點整理

良心不安是由基本情緒組成的：憤怒、恐懼、悲傷，或許偶爾還會有點快樂。內疚只有理性與不理性兩種區別，後者與當下的情況通常是不相關的。

有些人總會否認自己應該為任何負面情況負責，有些人則會努力想表現完美，希望能避免讓自己覺得良心不安。幸運的是，除了這兩種做法以外，還有其他選項。在後面章節中，我們將進一步討論。

第二章

發現壓抑的憤怒中隱藏的訊息

壓抑的憤怒（通常會以自我批評或自我譴責的形式出現）可能導致頭痛、憂鬱，以及其他許多有害的狀況，但它也可能會有正向的功用。我們先談談憤怒的正向功用，再來探討負面的後果。

有時候，罵自己可以避免其他人對你做出同樣的舉動。如果你犯了一個傷害別人的錯誤，比起看起來不當一回事，甚至假裝什麼都沒發生，這時若表現出對此感到內疚的樣子，他們就不會對你生那麼大的氣。

壓抑憤怒也可能促使你做出對自己有益的事。如果你在努力減肥的同時，買了冰淇淋聖代，自責就可能會強迫你把甜點放進冷凍庫，而不是把它吃下肚，破壞你的節食計畫。

自我批評也可能有助於激發更廣泛的改變。例如：

每當我長時間感到心情不好時，心裡就會有個聲音開始尖叫：「快點，你需要做一些改變，你現在的做法是行不通的！」有時候，這個聲音會把我推出自己的舒適圈，促使我去做一些我平常不敢做的事，比如單獨旅行，或是打給專業人士尋求幫助。

——烏菲，48歲

自我批評可以激發你改變不再對自己有利的生活方式，也可能會帶領你做出對別人有益的事情。

比如說，如果你忘了母親的生日，憤怒可能會告訴你：「你下次會做得更好。」也許你的憤怒說得沒錯。你可以選擇聽從它、按照它的意思去做——比如說，為某件事做出彌補。

讓自我批評來糾正你

當我們意識到某些不好的事是自己的錯時，有時會很容易想以道歉或盡力彌補來補救當下的情況。如果你忘了母親的生日，你可以提議改天再過去看她，或是送一束花給她。如果你真的為自己已做或是沒做的事情感到抱歉，僅僅表達你的遺憾就足夠了，不論是你自己或是對方，都會因此感到滿足、不再記掛著這件事。

道歉是沒有失效日期的，永遠不嫌晚。

如果你偶爾會湧現理性的內疚感，卻沒有採取行動，其中也許還有別的原因，比你以為的還更讓你感到揪心。例如：

我曾有一位多年好友。我很高興能認識她，但有一天我們卻決定不再見面了，因爲無法解決的衝突毀了我們對彼此的好感。艾達寫了一封非常溫馨的告別信給我，特意爲了我們曾共度的美好時光謝謝我。但當時我實在太生氣了，所以並沒有回覆她。然而，這麼多年來，我還是會偶爾想起，那眞的是一封非常溫馨，而且很長的電子郵件，我卻把它刪除了。這讓我感到很內疚。

——漢娜，55歲

對漢娜來說，處理這個問題是很容易的，而且還會獲得比她以為更深刻的自我滿足感。比如說，她可以這樣寫信給艾達：

親愛的艾達，

雖然已經過很久，但我確定你一定還記得我。二○○四年，我們要結束友誼的時候，妳寫了一封非常溫馨且深情的郵件向我道別。我花了很多年時間才終於理解妳的用意。妳實在想得很周到，艾達，謝謝妳寫的郵件。我也很高興能夠認識妳，想起我們曾經共度的美好時光，讓我覺得很開心。祝福妳一切都好。

愛妳的漢娜

通常我們得先讓自己振作起來，才能去處理讓人不得安寧的那些事情。而處理後得到的報酬，除了與自己價值觀相符的感受之外，還會帶來極美好的、鬆了一口氣的感覺。

不過，有些時候，要處理這類情況可沒那麼簡單。

如果傷害已經無法修復

在我成長的過程中，只有母親和我相依爲命，因此我們的關係非常親密。她在又老又病時住進護理之家。某一天，護理之家打電話來說，如果我希望她過世的時候能在場，最好過去一趟。當時我正在參加由自己安排的研討會。我決定賭一把，希望她可以再多活一天，或至少等到我完成簡報之後。那種感覺就像是，我其實不相信這位一生中克服了許多挑戰、堅強無比的女性會死。然而，等我趕到護理之家的時候，已經太遲了。之後有好長一段時間，我都深受內疚折磨。

——麥茲，58歲

針對以上情況，已經無法再做些什麼，只會讓人很想把它從腦海裡抹去。然而，像這樣的壓抑代價實在太高了，最後會讓我們變得消極，也會和自己的情緒失去連結。

即使會很痛苦，這樣的經驗還是需要妥善處理。麥茲愈是能允許自己覺察這段經驗，就會愈快習慣其中包含的情緒，也就愈能忍受。有很多方法可以用來處理像這樣的挫折。我們可以寫信給死者，說出我們來不及說的話。若有可能，我們也可以和許多人訴說我們的經驗，或是尋求專業的協助，比如說，大多數的神職人員都很擅長與人談論內疚的感受。

所有痛苦都有帶來成長的潛力。人們一直覺得麥茲是個苛刻的人，但自從他失去母親之後，就不再那麼嚴厲地評斷他人了。他的母親一直很擔心他待人嚴苛的作風，但現在對麥茲來說，想像他母親會在某個地方看著他，卻是件好事。她要是知道麥茲把失去母親的痛苦化為自己個性中嶄新而溫柔的那一面，她一定會很開心。

記錄你跟自己對話的方式

前述某些例子中，自責其實會帶來好的結果。而其他時候，自責卻可能剝奪你的精力，對任何人都沒有好處。特別是當自我批評或多或少是出於自動反應，而且我們並不完全了解發生什麼事的時候，更容易出現這樣的情況。

我們通常不會真正聽到自己內心的想法或對話。我有一位案主，當我在諮商過程中和她一起進行探索時，她才驚訝地發現她跟自己對話的方式。「你這個白癡！」「現在你又把它搞砸了！」或是「你早就該料到的」，都是對自己不友善的自我批評之例。

如果你想發現自己內心的批評，就必須在感覺情緒驟然低落，或開始焦慮的時候特別警覺。可以問問自己「我現在在想什麼？」或是「當我感覺自己的情緒變化時，我對自己說了什麼？」請特別警覺「應該」這個詞，比如說，「我應該要採取不同做法的、我應該要更開心、更好客、更聰明、更友善……」或是任何你對自己的要求。我們會在批評中使用「應該」這個字。我們可能會把它向外發洩——「你應該」；或是向內壓抑——「我應該……」。

如果你不曾和自己合作過，你對自己說話的方式和語氣，或許會和你小時候父母對你說話的樣子如出一轍。如果他們的態度充滿愛，你就會用充滿愛的方式跟自己說話；如果他們的態度是批判的，你就往往會批評自己。

意識到你正在攻擊自己是很重要的。想改變情況，這樣的意識有其必要。首先，你必須探究自我批評是否有建設性，還是它正在毫無理由地破壞你的情緒。若是後者，你就得把它放到一邊，開始對自己傳送友善的訊息。

練習用友善的眼光看待自己

當你發現自己習慣於因為事實上無能為力的事自我批評時，你需要養成新的習慣來戰勝舊的習慣。

改變習慣需要堅持一段很長的時間。這個好方法可以訓練你對自己仁慈一點：準備一本只會用在這項練習的筆記本。至少一天一次，把重點放在你所做的好事或有建設性的事，把它們寫在筆記本裡。用充滿愛的父母看待孩子的眼光來看待自己。即使這些正向的努力最後沒有達成你希望的結果，也要為了良好動機認可自己。每天至少寫下三件事。

瑪倫在她的筆記本裡寫下：

今天早上我醒來時，腦中就浮現這個想法：試著對同事友善一點。我去上班的時候，其實沒有任何機會這麼做，而且我還忘了自己的誓言。但這個想法眞的很好，我很開心自己會這麼想。

我決定走樓梯，還一路爬到五樓，即使自己原本想搭電梯。這麼做不只對我自己好，也爲氣候盡了一分力。

我問傑斯柏要不要跟我一起出去走走。雖然他的行事曆上已經沒有任何空檔了，我還是覺得自己有勇氣開口，是很棒的事。

當你訓練自己培養新習慣時，應該堅持至少三到四個月。時間夠長，你的大腦才會習慣新的做事方式。

你可以這樣練習

覺察你的自我批評

當你覺得心情低落時，可以問自己「當時我在想什麼？」來發現內心的自我批判。把你怪罪自己的原因寫下來。

如果你發現的訊息，是要去做一些和平常不同的舉動，或是為你對某個人說的話／做的事做出彌補，可以考慮採取行動。

如果你發現批評只是壞習慣，就把這個習慣改成比較有建設性的方式。每天在筆記本裡寫下自己做的三件事，或是覺得值得稱讚的三個想法。每天這麼做，持續三到四個月。

本章重點整理

壓抑憤怒不只會產生壞的效果，也可能會有好的影響。比如說，當內心的憤怒推動你去完成一些很重要的事情時，那就是正面效果；若它引起壓力和沮喪，那就是負面效果。你可能會因為批評自己而感到難以負荷，因為這些批評剝奪了你的能量和陽光般的好心情。

第三章

那確實是你的責任嗎？

影響力和內疚有密切的關連。如果你對某個狀況沒有影響力，那麼那件事出錯就不是你的問題。比如說，你的母親因困頓的童年而感到痛苦，那不是你的錯；你任職的公司正苦苦掙扎於早在你進公司前就開始的財務赤字，那也不是你的錯。或者，暴風雨毀了出海的計畫，那當然也不是你的錯，因為你根本無法對天氣做些什麼。

因為某件他們沒有影響力的事情怪罪對方，是沒有道理的。這點跟司法系統抱持的看法相同。

因此，當你想對自己的良心不安做些什麼的時候，最重要的問題是：

我對這個狀況有多大的影響力？

如果你對一團亂的廚房感到良心不安，問問自己：「當時我在家，我可以做些什麼嗎？」如果答案是肯定的，你的內疚就是合理的。但在海倫的例子中，卻不是如此：

一年前，壓力幾乎要壓垮我。我在工作上請了病假，但還不只這樣。我答應了某個朋友會幫她，最後卻必須告訴她我做不到，還得取消去參加孩子學校的親師會。我朋友對我的食言感到很不滿，老師也說那是很重要的會議。這讓我覺得很內疚，感覺就像我表現得不夠好。

當我問自己「對當下的狀況有多大的影響力」這個問題時，回答「生病絕對不是我願意的」讓我感覺鬆了一口氣。這幫助我領悟到那並不是我的錯，儘管身邊的其他人覺得很失望。

——海倫，42歲

除了你對某個狀況有多大的影響力之外，還有另一個很重要的問題：

我是唯一有影響力的人嗎？

與別人一起分擔責任

也許你確實對某個狀況有影響力，但還不到你原本以為的程度。有時候，我們會覺得自己該為某件事負全責，但其實我們對那件事可能只有部分的影響力；或者，我們會否認所有自己應負的責任，儘管我們確實對該狀況有所影響。

當一場家庭慶生會的氣氛變得緊張起來，很少會僅是因為某個人的錯，在場的每個人其實都對房間裡的情緒張力有所影響。有些人會很快為此負起責任，其他人則會立刻選擇閃躲。

如果能轉換一下想法，從「這都是我的錯」變成「事情會變成這樣，有很多人需要負責，我只是其中之一」，就會感覺鬆了一大口氣。舉個例子：

蘇菲的女兒莉妮在學習閱讀上遭遇了很大的困難。蘇菲認為這是因為她陪女兒練習的時間不夠，或是她沒辦法確認莉妮在學習時感到開心、精神飽滿，且有心想完成功課。蘇菲的自我批評讓她喪失了幫助女兒學習必備的精力。和心理治療師談過後，蘇菲才意識到莉妮對閱讀的學習困難中，包含了許多因素：

當他們在一起的時候，莉妮的父親會放任她不做功課。

蘇菲的父母太忙於自己的生活，沒時間關心他們的孫女。

丹麥的老師不太擅長教學。

莉妮的父親在學習閱讀時也曾遭遇困難，所以問題可能是來自父親的遺傳。

蘇菲下班回家就累了，沒有太多的精力督促莉妮做功課。

接著蘇菲用百分比來分配每個因素所占的比例，並且列表如下：

- 影響閱讀障礙的基因傾向：30%
- 老師教得不好：30%
- 週末時父親容許莉妮不做功課：10%
- 祖父母的不支持：10%
- 蘇菲沒有嚴加督促女兒的功課：20%

除了列表外，她還畫了一幅圓餅圖（見下頁）。

這下蘇菲就明白了，這並不是她一個人的問題，但她很慶幸其中還有20%是她該負起的責任。如果占比是0%，就代表她對莉妮的閱讀學習問題一點影響力也沒有，她肯定不希望自己的存在如此無關緊要。另一方面，一肩扛起所有責任將會是太沉重的負擔。圓餅圖練習可以幫助她降低自我批評的程度，並和其他人一起分擔責任。

在這之後，蘇菲跟莉妮的父親深談，讓他知道在女兒的閱讀問題中採取主動是很重要的；她也和自己的父母親討論，表示他們的支持非常重要，可以讓她不用一個人負起這麼多責任。她還聯絡了學校的老師，想讓莉妮加入學習社團，接受額外的輔導。

接著，她才覺得可以開始處理自己的那20%。她已經決定

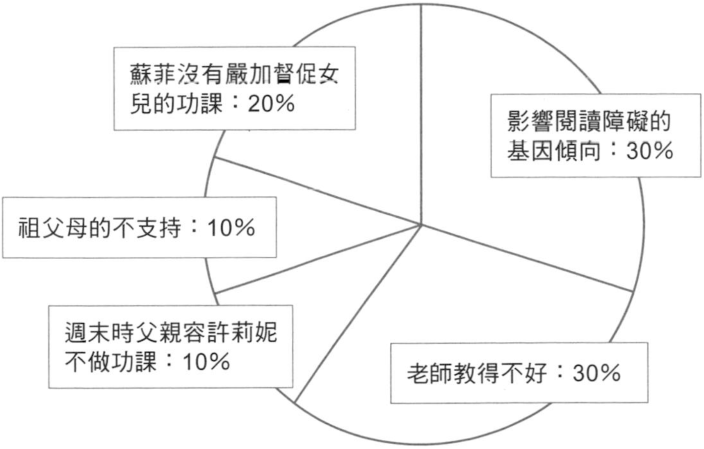

了，在工作覺得特別累的日子，她會比平常晚一個小時去課後中心接莉妮。如此一來，她就可以先稍事喘息，有足夠的精神後，更能面對督促莉妮做功課的挑戰。

明白其他人也應該感到內疚，對蘇菲很有幫助，這樣她就能和其他人一起分擔責任。這不只讓她鬆了很大一口氣，其他人也有機會承擔更多責任，一起幫助莉妮。

與別人一起分擔責任的好處

如果你容易覺得疲累，卻沒有充分的理由，那麼你的內疚感恐怕已經過量。造成疲憊的原因，可能是你累積了過多的自我批評，或對自己要求太高。要是你還會因為很累而責怪自己，甚至覺得這都是自己的錯，就會陷入惡性循環。

想知道內心是否壓抑了太多批評，你可以試試「向外引導」。問問自己：「還有誰可能會是需要為問題負責的人？」並整理出清單。例如：

跟同事及女友相比，馬汀比較沒那麼有活力。大多數時間裡，他都會感到精力不足，也會因為自己沒完成更多事而不開心。馬汀問自己，哪些人對他的疲累程度有所影響，並列出清單如下。

● 我的老闆
● 我的女朋友
● 我的醫生
● 我的父母
● 我的同事和朋友

等你整理好這份「共犯名單」之後，可以個別寫一封信給他們。不必寄出這些信，你只是單純為了自己的好處而寫。就把它當做一項遊戲，不必擔心要是他們讀到信的話會怎麼想。讓每個人都分配到一些應負的責任。你可以對他們個別提出建議，該如何為改善這個狀況出一分力。

以下是馬汀寫的信：

親愛的老闆，

難道你看不出來，每天下班後我看起來有多累嗎？難道你不覺得我的工作過量了嗎？或是我完成的工作，其實沒有讓我受到足夠的認可？你有想過你能做些什麼，好幫助我變得更有活力嗎？如果沒有的話，我建議你開始想想吧！

馬汀敬上

親愛的卡蜜拉，

妳難道沒注意到，我看起來有多累？妳覺得妳可以做些什麼，好幫助我變得更有活力呢？我需要更多的愛、溫暖，還有性。如果我們可以用做愛開始每一天，我很確定我將可以擁有更多的能量。但是，妳或許不希望這樣。妳是否想過其他任何妳能做的事情嗎？比如說，別因爲我沒做到的事情生那麼大的氣。也許妳會有一些其他的建議，我覺得妳應該花一些時間想想看，妳在我的疲勞當中扮演怎樣的角色。

愛妳的馬汀

親愛的醫生，

我已經跟你提過我的疲勞好幾次了，但你只是做一些血液檢查，還說我身上什麼問題都沒有。我並不覺得這樣就夠了，你還需要做更多。我希望你可以幫我做個徹底的檢查，查清楚我身上到底有什麼毛病，並且找出治療的方法。

馬汀敬上

親愛的爸媽，

多希望你們教過我如何過快樂的人生。

愛你們的馬汀

親愛的漢斯，

你有注意過，我們一起出去好幾個小時之後，我看起來有多累嗎？你怎麼不問我「爲什麼你看起來這麼累」？或是問我「是否有事情困擾著你」？你總喜歡告訴我各式各樣的事情，你覺得這些我都喜歡聽嗎？其實不是，至少不是一直都喜歡。漢斯，我還寧願多聊聊我自己。

愛你的馬汀

把你的憤怒向外引導，會讓人覺得充滿活力。即使在書寫的時候，馬汀也可以感覺到這些信正在減輕他的內疚感。這讓他明白自己需要更往那個方向前進，也決定跟更多人談談他的疲憊。

如果你發現自己過於偏向天平的某一端，那麼往另一端前進一些好達到平衡，是比較健康的做法。如果你常壓抑憤怒、讓自己背負著內疚感，那麼採取相反的做法，會是個好主意——把憤怒抒發出來。在心裡幻想或寫下你不會寄出的信，藉以探索「把所有的憤怒向外引導」是怎樣的感受。當你承擔了別人應該負起的責任，你的負荷太沉重，也就無法從其他應該分擔責任的人擁有的身心靈資源中獲得什麼。

太嚴重的內疚感也可能來自於嚴格的原則，比如說，讓你無法設立界線。這部分在下一章中將有更多說明。

你可以這樣練習

影響力清單

回想一些生活中讓你感覺不滿、良心不安的事件。除了自己以外，還有誰對那個狀況是有影響力的？

整理出一份清單。用百分比來分配每個人應該負責的比例，並畫成圓餅圖。

個別寫一封信給他們，告訴他們可以做些什麼或不做什麼，好讓自己覺得好過一點。這些信並不會寄給他們，單純只是為了你自己，藉以體驗把內疚感分配一些給其他人，會有怎樣的感受。

本章重點整理

如果某件事出了差錯，掌控狀況的人就得承擔責任。如果你對那件事沒有影響力，就不該因為發生的狀況而受到責怪。

只有你一個人有責任的情況是相當罕見的，你往往只是其中的一名共犯。比起承擔百分之百的責任，發現你其實可以和其他會影響當下狀況的人或因素分擔責任，你將感覺如釋重負。

第四章

專注在你的生命藍圖和個人守則上

在生活中，你覺得自己表現得多好，當然跟外在環境和遇到的挑戰有關。然而，成功或失敗的感覺，卻更取決於你如何應對自己生活中遇到的狀況。例如：

尼可拉想為自己的學業申請公費資助，卻一直遭到拒絕。如果覺得「受理我案子的工作人員一定不喜歡我」，他就會感到沮喪；如果覺得「我應該要更用心準備我的申請」，他就會對自己感到生氣；如果覺得「或許他們認為我擁有的資源已經太多了」，他就會感覺踏實，並去尋找其他的可能。

每個人對同一種情況的體驗，可能有天壤之別。如何應對生活中的機會，取決於你如何看待世界和自己，以及你所遵循的原則。你未必每次都能改變當下面對的情況，但可以試著改變應對方式、調整對自己和生活抱持的期待與標準。打破過於僵化的規則、過時的期待，以及會讓你產生內疚的偉大抱負，這將會帶給你極大的放鬆與滿足感。

你的生命藍圖

我們都會按照特定的藍圖生活，它會告訴我們能期望什麼、如何獲得美好的生活。

對於這份引導自己前進的藍圖，你真的深思熟慮過嗎？也許你只是接管了來自父母的藍圖。若是如此，用批判的眼光仔細檢視這張藍圖，會是個好主意。你在自己腦中描繪的，是怎樣的藍圖？你期望在生活中遇到的，是怎樣的挑戰和機會？

過多的期望，很容易導致內疚感。

如果你希望大部分時間都過得開心，當生活遭遇慘淡或沉悶的時候，你就會去尋找原因。你可能會發現自己之外的因素，並因此對自己的伴侶、父母或工作生氣——無論你所想到該為自己的不愉快受到責怪的人或事物是什麼。或者你可能會把怒氣指向自己：「我一定是有什麼問題。」

想像一下，如果有人在你的生命開始時給了你以下的藍圖，詳細說明你可以期望的願景：

- 努力是生活的一部分。你未必隨時都會想努力，但就是得努力。
- 你會感覺丟臉，會面臨逆境和災難，會有人讓你失望並背叛你，而且你還會偶爾辜負自己的價值觀。
- 糟糕的日子會持續好一段時間。
- 在你的後半生，你外表的美麗會逐漸消失。
- 你終將失去一切。
- 但是，跟其他人在一起的時候，你偶爾會體驗到快樂、愛和親密的感覺。

- 會有一些具備特殊意義的時刻。
- 如果你保持警覺，利用逆境中固有的成長機會，你就會從克服挑戰、變得成熟、增加見識及發揮才能的過程中，體驗到快樂。如果可以避免痛苦，隨著你的身體能力減弱，你將發現自己的內在生命、無私地愛人的能力，有更多的成長。

糟糕的日子只是人生的一部分

每個人都會經歷艱難的日子，但有些人就是無法接受。他們會變得憤怒、挫敗，還會怪罪外在的世界：

「我值得更好的。」

「這根本就不公平。」

其他人則會把矛頭指向內在：

「我應該要好好安排我的生活，好避免糟糕的日子。」

「我到底做錯了什麼？」

無論是把自己的憤怒向外發洩，或是向內壓抑，都可能更讓你深陷在負面情緒裡。艱難的日子未必一定是誰的錯，真正的重點在於，不要因為負面或痛苦的想法而讓情況變得更糟。

悲傷的日子可以用來反思，想想是否有什麼你可以改變或做得更好的地方。只要記得，如果你在糟糕的日子開始評價自己，就容易惡化成糾結與自責。在一個你覺得不怎麼開心的日子，告訴你自己以下一個或多個訊息，可能會是比較有效的做法：

「我猜這就是我必須撐過去的一天。我要對自己好一點，期待更好的日子到來。」

「痛苦是成長的機會，可以讓我變得更成熟，也會在內心創造出更多感到開心的空間。」

「今天可能就是成長的特別機會。」

「我要利用這一天訓練自己對那些表現不佳的人的同理心——也包括對我自己。」

「黎明之前永遠是最黑暗的。也許這一天就是全新也更深刻的快樂的開始。」

改變自己的期待和藍圖，為那些未必是你的錯的糟糕日子挪出空間，就可以減輕良心不安的感覺。

檢視你的個人守則

除了社會準則和規範，人人都有一套屬於自己的基本原則，可能是從父母那裡傳承來的，也可能是自創的，而且大家都會嚴格遵守。然而，大多數人並未意識到自己遵守了哪些守則。好好檢視這些守則，或許可以為你帶來益處。

守則最初的出發點是好的。其用意在於調節行為舉止，好讓我們過得更加順遂；守則也可以作為某種內心的指標，幫助我們找到生活中的美好事物。

將守則檢視一番後，你可能會意識到自己所遵循的一項或多項守則，最後其實正好導致了相反的效果。像「我永遠不能拒絕需要我的朋友」，可能會讓你無法好好照顧自己；而像「我永遠都要表現得很完美」，其實會讓你的生活變得更加困難，甚至消耗你的能量，長久下來，對任何人都沒有好處。如果你發現自己所遵循的一項或多項守則，造成的傷害其實遠多於好處，你就會更有動力想改變它們。

也許你傳承了父母的守則，也可能你所遵循的是過去自創、但早已忘記的守則。如同拿湯匙吃東西，如果你之前從來沒拿過湯匙，那麼要用它吃飯就會很困難：應該舀多少量？如何避免把湯匙裡的東西撒出來？又要如何把湯匙放進嘴巴裡？等我們學會之後，就再也不必經過大腦思考，一切都會變成自動化的一連串動作；而我們也不會再記得，為什麼我們會用這種特定的方式使用湯匙。

或許你不會意識到，你所遵循的守則是在兒時自創的，但如今它們早已變得不合時宜、甚至具有破壞性。

就像我之前所說，有些人就是很少會有內疚的感覺，其他人則可能光是極小的錯誤都會讓他們感到內疚。如果你屬於前者，那麼你的守則可能太寬容了；而如果你屬於後者，你的守則可能太嚴格了。

以下是一些嚴格守則的例子：

- 我絕對不可以犯錯。
- 我永遠都得為別人付出。
- 我絕不能讓別人不開心。
- 我必須確保周圍的每個人都過得很好。
- 我不能用對自己有利的方式跟別人比較，也一定不能因此而開心。
- 我不能毫無理由地生別人的氣。
- 我不能對別人有所期待。
- 我絕不能成為任何人的負擔。
- 如果有人在生我的氣，我就有責任讓對方非得再喜歡上我不可。

- 如果有人來敲我家的門，我就一定要表現得既友善且開心。
- 只要朋友需要我，我就必須永遠陪在他們身邊。

如何發現造成內疚的守則

我們做出的選擇，往往是在期待和試圖遵循的價值觀和守則之間，妥協過後的產物。因此，當必須做出決定時，我們的座右銘就會變得愈加清楚。「為什麼你不能單單照你所想的去做？」或「為什麼你就是不能停止去做你不想做的事？」之類的問題，不只可以揭露你的價值觀，也會揭露你的守則。比如說，「為什麼我媽打來我就會接電話，即使那時候我並不想被打擾？」或是「為什麼我在工作上會答應做額外的事，即使我知道自己在下班後會感到筋疲力盡？」

以下可能會是問題的答案：

- 你永遠不能對你的父母說不。
- 你永遠都要幫助別人。

你也可以透過覺察自我批評，或是當你感受到不適宜的情緒時特別留意，藉此來揭露你的守則。試著抓住和這種情緒有關的想法。當時你對自己說了什麼？

意識到自己做的決定產生了我不喜歡的後果時，我真的很生自己的氣。我發現自己心裡有一條規則，會禁止我做出不好的決定。當我把它寫下來，並坐下來仔細思考之後，我就明白這條規則造成了多少令人沮喪的自我批評。

——伊娃，29歲

每個人都可能會做出糟糕的決定。你無法預測未來，也無法計算自己所做的選擇可能會產生的所有後果，往往要到許多年後才會明白。在你做出決定的那一刻，未知因素的數量可能多到嚇人。這些決定未必總會有好的結果。有時你會在事後才發現，如果當時做了不同的選擇，可能會有更好的結果。當伊娃意識到她對自己的要求是不可能達到的，她就擺脫了這條規則。她用麥克筆筆寫下：「每個人偶爾都會做出糟糕的決定。」並把這則訊息貼在冰箱上。除了減少她自責的程度，她對做決定的感覺也不再那麼焦慮了。

守則愈嚴格，就愈難遵循，成為自己憤怒的受害者風險也就愈大。因此，仔細檢視個人守則，將帶來極大的好處。

等你發現自己的守則之後，可以在不同的兩張紙上分別寫下每項守則的優缺點。之後你就會看出來，其中某些守則的成效良好，而其他守則製造的問題則遠比解決的還要多。

如何調整你的守則

想減輕內疚感和自我批評，有時只要重新制定適當的規則就好了。以下舉幾個例子：

我發現自己遵循的其中一條規則，幾乎每天都會導致自我批評。那就是：「我必須讓我的體重維持在八十公斤以下。」通常我量出來的體重都在八十四公斤左右，我不斷在跟自己對抗，希望我的體重能夠下降。

經過一番思考之後，我決定把限制提高到八十四公斤。從現在起，我再也不會因爲體重對自己有那麼大的批評了。

——艾瑞克，47歲

當我把「在工作上，我永遠都會盡全力」這條守則改成「我通常會盡全力，但在我很累且感覺低落的日子，只求剛好過關是沒關係的」，去上班的心情就變得開心多了。

——瑪格麗特，27歲

我發現讓自己壓力最大的其中一條守則是：「我必須永遠陪在朋友身邊。」每當朋友打來、我卻不想講電話的時候，這就成了問題。我甚至沒有注意到，在自己用友善的聲音接電話前，我其實覺得很生氣。我不喜歡生氣，也很努力想忽略這樣的感覺，我覺得她打來的時候，我應該要是開心的。每次講完電話，我總會覺得很累。

我決定制定一條新的規則：「朋友打來的時候，我不一定得接電話。沒關係的，只要我在一天內回覆她們就好了。」我把新的規則寫下來，並貼在我的冰箱上，這樣我就會經常想起它。

——安娜，19歲

安娜不喜歡生氣，最後選擇把這種感覺壓抑在心裡，成了自我批評，並產生內疚感。這是讓人最快喪失活力的方式之一。

當你想改變自己的其中一條守則時，付出額外的努力將非常值得，不要只是放在腦袋裡思考，而是要把它們寫在紙上、反覆閱讀。如果你不想用寫的，可以試著大聲把它們說出來，並重複好幾次。

當你在訓練自己適應新守則的時候，記得先讓舊的原則停止運作。只要打破舊有原則，你就可以輕易適應新守則。你愈是違背自己的守則，它們對你產生的威力就愈少。

打破不受歡迎的守則

這些守則和你對世界的推定有關。比如說，如果你的其中一條守則是「別人的需要比你自己的還重要」，就可能會連結到這項推定，認為自己其實不怎麼重要。

若你覺得打破原則很困難，請好好檢視相關的推定。你可以問問自己以下的問題：

為什麼我應該要……？

如果我不那麼做，會發生什麼事？

為什麼我不能……？

當安娜問自己，為什麼她必須永遠陪在朋友身邊時，一開始她其實想不到答案。對她來說，這早就成了習慣。在家裡，每當有人希望她母親做些什麼的時候，她母親總會在，會接起電話、會帶著微笑開門。如果安娜沒接電話，朋友會生氣，但接著她回想起來，朋友也不會每次都接電話。而就算朋友不接電話，安娜其實也不會感到困擾，因為她知道朋友會回電。

做完這項練習之後，安娜就準備好在她的生活中重新制定這條守則了。

當你敢做出不同的舉動——或是不去遵循你已經行之有年、也許已經持續了一輩子的習慣——往往會產生不安或焦慮的感覺。

安娜第一次任由電話一直響的時候，她的心情很差，感覺自己是個糟糕的人。但等她練習過幾次之後，這對她來說就顯得稀鬆平常了。隨著時間過去，她不再會為此煩心，很享受新的自由，不必再進行她不喜歡的對話。

遵循新的守則，一開始會需要大量的注意力。如果你感到有壓力、害怕，或只是單純累了，就很容易恢復舊習慣。比起振作起來並採取不同以往的做法，遵循幾乎等同於反射動作的舊有守則比較不費力。儘管如此，當你發現自己又在遵循舊守則的時候，也絕對不要失去信心。這完全是正常的。隨著時間過去，只要你持續遵循新原則，並利用每次機會提醒自己，這種情況就會愈來愈少。你可以在鏡子上貼一份新原則的副本，或是貼在某個你會經常看到的地方；也可以把這件事告訴某個朋友，請他／她偶爾提醒你。

放寬自己的守則，讓它更容易被遵循，就可以減少內疚感。

然而，改變自己永遠都會和恐懼有關。這部分在下一章將有更多說明。

你可以這樣練習

檢視個人守則

回想你對生活的想法和期待。和別人談談這些想法和期待，好好思考它們是否合乎現實。

專注在你的個人守則上。問問自己為什麼會選擇現在的做法，藉以發現你的個人守則，尤其是當你決定做一些跟自己實際想要並不相符的舉動時。把你的個人守則寫下來，針對每條守則做出決定。

有任何一條守則會經常讓你感到內疚嗎？

如果放寬任何一條守則，會有好處嗎？

本章重點整理

如果你對生活中的快樂和成功有很高的期待，一旦這些期待無法在生活中實現，你就容易怪罪自己或他人。稍微調整自己的期待，可以減輕你覺得自己不夠好的感受。

如果你遵循嚴格的守則，認為自己應該把每件事情都做得盡善盡美，就可能會讓自己背負過多的內疚感，而這份內疚感將強大到足以剝奪你所有的精力。

如果你專注在自己的想法和守則上，會發現小小的調整也可能產生大大的改變，你將感到不那麼內疚，也會在生活中獲得更多活力。

第五章

別讓恐懼控制你

恐懼是內疚的一部分。如果你怕被拒絕，或怕別人生氣，就容易變成別人期待下的奴隸。最後，你會變得像滾輪上的倉鼠一樣，無論多麼努力、跑得多快，仍會有人時不時地批評你。如果你急切地想取悅別人，可能會激怒對方；盡一切所能想當個好人，最後可能會讓他人覺得不如你、覺得自己很差，甚至讓他們產生負面態度。此外，喜歡批評別人的人也會這麼做，而且他們永遠都能找到可以怪罪的對象，無論你有多想避免。

和恐懼當朋友

你可以和自己的內疚合作，就像在認知療法中和焦慮合作一樣：讓自己毫無保留地去接觸害怕的東西。如果你害怕搭電梯，就應該去搭電梯，直到搭乘的次數多到足以讓你覺得搭電梯很安全。

如果你害怕某種特定的情緒，就會盡力避開容易出現這種情緒的情境。如果你討厭覺得內疚，就容易為他人做得更多，甚至超出你能力所及。而你身邊的人也可能因此提高他們對你的期待，導致你留給自己的時間愈來愈少。

當你採取相反的做法，也就是因減少你對別人的幫助而感到內疚時，正是練習和內疚感共處的好機會。請對這種感覺抱持好奇和質疑，並提醒自己，這並不危險。你可以訓練自己忍受某種感覺的能力，就像訓練肌肉一樣。你投入的努力愈多，就會愈擅長應對這種感覺，到最後，身邊的人就會降低對你的期待。例如：

我一直深受壓力困擾，也知道應該要好好照顧自己。但是，當姊姊打電話來說需要有人照顧她的小孩時，我就是沒辦法拒絕。如果我拒絕的話，就會內疚到不行，讓自己的心情整天都受到影響。

——海勒，42歲

海勒其實忽略了一件事——她心裡的內疚感，其實是會消退的，只要她能訓練自己習慣內疚的存在，而不是立即做出反應。等到她第三次拒絕照顧姊姊的小孩，並選擇出門走走、放鬆心情後，她開始習慣自己的內疚感；即使這樣的感覺出現了，她還是很享受自己的自由時光。

內疚會在許多不同的情境中出現。通常，當我們選擇不去迎合某人的期待或價值觀時，它就會出現。例如：

對我父親來說，我是否接受良好教育，一直都很重要。但教科書從來就不曾引起我的興趣，我也從來不想找一份單純坐在電腦螢幕前的工作。家族聚餐的時候，我的堂兄弟們總會得到讚美，因爲他們讀了很久的書，也拿到領域多元的學位。這時我總會偷偷瞄我父親一眼，看到他悲傷的表情，總會讓我覺得害怕。

——卡士伯，32歲

與其迎合父親的期待，卡士伯選擇走自己的路。當他看到父親因為沒能像家族中其他人一樣稱讚孩子獲得的學位而感到悲傷時，他覺得很內疚。事實上，他正打算去拿某些短期的學位，如此一來，當父親的朋友問起他這個兒子的時候，就有東西可以說嘴。

他的內疚在某些方面是理性的。確實，卡士伯就是父親偶爾會感到悲傷的理由，但這個責任不應該由他來承擔。讓父親有某些可以對家人和朋友炫耀的成就，並不是卡士伯的義務；對他父親而言，用某種讓自己感到驕傲的方式過生活，其實是他父親的責任。是否要誠實面對自己（這是很重要的），全取決於卡士伯，即便他因為父親而感到內疚。心理治療師班特·佛克（Bent Falk）把這種形式的內疚稱為人生中的「附加稅額」，那是一種你因為誠實面對自己，偶爾必須付出的代價。

學習接納你的情緒

有些孩子在成長的過程中，父母會協助他們學習忍受憤怒或對別人的失望。這樣的父母支持孩子有權利產生情緒，這樣教育出來的孩子也較堅強且寬容。

然而，有些孩子成長的家庭中，父母本身可能就有情緒方面的問題，他們回應孩子情緒的方式，會讓孩子感覺自己是有缺陷或不被愛的。如果你屬於後者，或許會無法全心接受自己和你的情緒。或許你偶爾會覺得自己的情緒在內心引起騷動，讓自己難以度過某些關卡，即使你知道這是最好的做法。比如說，如果你不想讓孩子不開心，就可能無法為他們設定必要的界線，最終孩子會表現得像是沒人在乎他們。如果你不能忍受伴侶悲傷或生氣，你就可能會被困住、一再表現出取悅別人的行為，也因此剝奪了你和伴侶之間的親密感與良好的連結。

當你試圖避免感到內疚時，可能會很想和別人保持距離——只要在遺世獨立的孤島上，你就不會感到內疚。也就是說，處在較為疏遠的關係中，比如鄰居或是超市的收銀員，表現良好、避免內疚相對來說比較容易。但在親密、有意義的關係中，除了讓對方感到開心，你偶爾也可能會讓他們不開心，這是無可避免的。你對某個人來說愈重要，一旦你的行為不符合他們的期待時，他們失望的感覺就會愈深，你也會因此覺得更內疚。尤其當內疚感牽涉到某個對你意義深重的人時，這個問題就會變得特別嚴重。幸運的是，除了孤立自己之外，還有其他方法可以解決。

訓練自己變得擅長忍受令人不快的情緒，你就會在關係中感到更加自在，也能給自己時間整理思考，決定如何應對情緒。有時候，你或許會選擇道歉，並提議向對方做出補償。其他時候，你可能會對自己說：「我要把內疚感當做附加稅額，這是我必須為某件事付出的代價，比如把整個週末的時間都留給自己。」這樣一來，儘管你感到內疚，你還是會覺得這個週末很值得；你或許還會覺得自己很棒，有勇氣做出當下會被某個人討厭、但長遠來看是好事的選擇——擁有一個自由的週末，能讓你充飽電、恢復元氣，迎接新的一週。

找回被討厭的勇氣

有時候，當下做出能取悅每個人的選擇，事後卻可能產生不幸的結果；而長遠來看，做出某個會被討厭的選擇，卻可能是對牽涉在內的所有人最好的決定。比如說，當你忽略自己的需要以迎合其他人的需求時，別人也許會很喜歡你，但這麼做的風險很大，因為之後你可能會想切斷那段關係。如果你有一半的時間把自己的需求放在優先順位，就較可能讓這段關係更為平衡；長遠來看更是如此。

再舉例，如果孩子在超市一吵著要買糖果，你就買給她，不只是孩子，連店員都會很喜歡你。但長遠來看，如果你當時能拒絕，或許會對自己感到更滿意。在你因為自己的小孩尖叫而感到內疚時——因為這樣會惹怒收銀員和排隊的其他人——也要記得留意自己成長了多少、成熟了多少，因為你願意挺身支持自己的決定，即使你會因此被孤立。你或許會發現，問題不在於你感覺到的內疚，而是你為了避免這種感覺所做的一切。

你可以這樣練習

質疑你的恐懼

當你因為自己或他人的憤怒或意見而感到恐懼時，專注在恐懼的感覺上。對這種恐懼感到好奇和質疑，思考在哪種情況下，它會變得更嚴重，又是在哪種情況下，它只是微不足道的憂慮？

遵照自己的價值觀實驗看看，即使你身邊的人並不喜歡你這麼做。一開始可以先往前一小步，比如表達自己的意見，即使你知道這樣可能會被討厭。如果有人用負面的方式回應，可以讓自己深呼吸、感受你當下的感覺，試著去忍受那種不安，不要立刻想透過藉口或解釋粉飾太平。

本章重點整理

內疚往往有很大的成分是恐懼，恐懼來自於你自己或其他人的憤怒或意見。恐懼感可能促使你長時間迎合每個人的期待，但其實沒有人會滿意。而無論你多麼努力，總會有某個人希望你做得更多。此外，你還可能會因此筋疲力盡、給自己莫大的壓力。

與其任由自己被恐懼控制，你可以和恐懼當朋友，訓練自己應對你的內疚，不要立刻對它做出反應、孤立自己，或用任何方式極力想讓這種感覺消失。

第六章

缺乏責任的表現

如果你經常覺得良心不安，就會吸引想閃躲責任的人，他們會很開心地把責任丟給你。因此，察覺別人的不負責任，是很重要的，這樣才能避免自己在一段關係中，總是因為對方過於被動或缺乏動力而擔下責任。

並不是說，有些人通常會過度負責，而其他人總會承擔過少責任。一個人往往會在某些領域承擔大量責任，但在其他領域或是生命中的某段時期，就是無法承擔。

缺乏責任感可能是來自信心低落。當我父親不願意陪伴我和手足時，我想是因為他覺得我母親比較擅長做這件事，而他也不確定自己可以貢獻什麼。然而，一說起我們家庭的經濟時，他就會變得非常負責。

就像一般人會在不同領域展現出不同程度的負責，不同的人在負責的程度上也可能會有多寡的區分。

以下描述的，是一種極端缺乏責任感的表現。當我們單單把自己視為受害者時，這種感覺就會出現。

受害者情結

有時候，我們會把自己視為其他人不友善行為的受害者。這是一種看待世界的方式，我們會把一切壞事排除在自己以外。站在這樣的立場，我們會感覺自己很無辜、遭到別人的惡意對待，多半也很無助又脆弱。也許我們還會把自己的憤怒指向某些人。這就是對責任最極端的否定。

把自己視為受害者，會映照出我們真實的情況。我們會突然面臨自己無能為力的困境，可能是生病、死亡、搶劫等。也可能是在工作上遭到騷擾，或是被別人施以身體或精神上的暴力。

一個人會因為暴力或騷擾而遭到傷害，一定有原因。但這可能是一種積極引起受害者受到騷擾的特徵，比如才華或高道德標準。

當然也存在著真正的受害者。但當我們覺得自己是無辜的受害者、所有麻煩都是因為外在世界而起時，多數時候都是因為我們沒有意識到自己扮演的角色。

以下案例與真正的受害者並不相關，而是在描述當我們或某個跟我們親近的人落入受害者角色時，會發生的情況：

瑪利亞覺得自己受到她成年的孩子不好的對待。當她想到自己為他們付出了多少，她就覺得很不合理，他們一年竟然只會來看她幾次。她覺得他們非常自私，而且為此感到生氣。每當有客人來看瑪利亞，她總會傷心地抱怨她那些不懂感恩的孩子。

瑪利亞把自己視為無辜的受害者，卻沒有意識到她其實可以改變這些情況。比如說，她可以這麼做：

- 試著想想更能吸引孩子來看她的方法。
- 找到其他可以陪伴她的人。
- 找到可以打發時間的嗜好。
- 尋求專業協助，消除她的負面想法。

瑪利亞認為，如果她要過得更好，孩子們就必須改變他們的做法。這種想法完全是逃避責任。

孩子也可能成為他們所依靠大人的受害者。他們擁有的機會並不像大人那麼多，多到可以做出改變情況的決定。一旦你變成大人，如果你還覺得自己很無助，就太不切實際了。拒絕任何個人應該負起的責任，還把責任丟給別人的大人，將會製造出極大的問題——不只是對他們自己，也會對其他人造成影響。並不是說他們是壞人，而是因為他們被困在某種有害的行為模式裡，沒有放下自己的過去。

這種扮演受害者的策略，很可能導因於童年的創傷，因為創傷造成的破壞實在大到難以處理，因此他們只能選擇壓抑。

會扮演受害者角色的，不一定是特定的某些人。若是承受的壓力達到一定程度，多數人都可能會落入這樣的陷阱。

受害者的困境

有些人會有意識地把自己形容成受害者，企圖操控他人、奪取權力或是貶低敵人。但是，通常扮演受害人角色的人，會被困在自己的行為模式裡，每當他無力應付挑戰，且對自己感到厭倦，或是當他的焦慮已超出負荷的時候，總會在內心自動退縮、變得渺小。

把自己當成受害者，可能是對現實情況的抵抗。如果有人突然死亡，被留下的人有時會將責任歸咎於某些對象。這些對象可能是反應不夠快的醫生或醫院職員，或是被視為上帝代言人的牧師。未亡人會把自己或死去的配偶當成受害者，認為都是別人的錯誤或缺乏責任，並憤怒地抨擊他們。如果當事人在情緒上相對健康，隨著震驚的感覺逐漸淡化，這樣的情況就會過去，悲傷的程序開始啟動，也會跟著出現可以接納情緒的空間。

要了解受害機制，可以試著回憶你在自己人生中經歷過的情況。或許你也曾把自己視為受害者，覺得全世界都是壞人——就算只是暫時的。比如說，當你收到意外的帳單、遭到拒絕、對某人的憤怒感到震驚，或是被交辦一份自己無法處理的工作。

以下是我的親身經歷：

我在丹麥的多士蘭擔任牧師時，曾把自己視爲受害者。當時我覺得自己遭到教區的教堂理事會騷擾。我感覺我的女性朋友們已經厭倦了聽我一直抱怨和尋求幫助的乞求，顯然她們不知道該怎麼辦。我感到很可怕，不敢做出必要的決定。我甚至不敢承認自己是有選擇的。

直到幾年後再回想當時情況，我才明白自己也不是好商量的人，也明白國家的教會存在著結構性的問題，所以其實不是任何人的錯，不應該單單怪罪某個人。

只要你陷入受害者的角色，就會用非黑即白的眼光看世界，而你也最有可能一點都不想站在別人的立場思考。有時候，光是脫離當下的困境，就足以讓你對它有更細微的了解。

從小就沒被解決的情緒

大多數陷入受害者角色的成年人，童年時很可能確實是受害者。憤怒並不會憑空生出，過去一定出現過跟這些情緒相關的某個情況。例如：

英格說母親總威脅著要自殺。因此，當她還是個十歲的孩子時，放學回家若找不到母親，她就會感到恐慌。但是，顯然當時的英格與自己的情緒是抽離的。她堅持自己擁有很棒的父母，童年也過得很好。

長大之後，她不斷淪為受害者。比如說，她很確信有名工人欺騙了她。她試圖讓自己周圍的人都討厭那名工人，如果有權限能在專業上毀掉他，她真的會那麼做。她就是如此憤怒。

還是孩子的時候，英格無法接納焦慮和憤怒，但那其實是面對她所處的情況最自然的反應。那時沒有成年人能幫助英格處理她的情緒、帶領她看見並感受真實的狀況。

英格現在已經是成年人了，在治療師的幫助下，她本來可以處理過去的情緒，並和她現在的情緒產生更好的連結。然而，也許她缺乏必要的勇氣或情緒上的力量，因此未能做到。現在她會把自己從小就壓抑的憤怒發洩在他人身上，完全沒意識到自己正把別人捲入一場與此時此刻幾乎沒有關係的遊戲。對她來說，這種感覺是很真實的，別人都是惡魔，隨時虎視眈眈地跑出來要抓她。

你可以這樣練習

你真的是受害者嗎？

回想你人生中覺得自己是受害者的某個時期。好好想想你是否真的是受害者，還是你其實是有選擇的，只是自己忽略了。

本章重點整理

把責任都推到別人身上的問題在於，我們根本沒做什麼好補救當下的情況，但我們往往是唯一能做些什麼的人。

最極端的逃避責任，是只把自己當成受害者。我們可能一直如此，從我們年紀還很小、必須依賴大人的時候就開始了。等我們成了大人，如果還這樣看待自己的話，最可能的情況是，真正讓我們變成受害者的，其實是我們負面的行為模式和不負責任——因為我們選擇什麼也不做。

第七章

注意退化現象

當我們扮演受害者時，或多或少會與成年的自己和已經具備的能力失去連結。在心理治療的範疇中，我們把這種現象稱為退化作用（regression）。退化是指回到發展的早期階段。比如說，一個已被訓練可以使用便盆的孩子，可能會在壓力下尿床；造成壓力的原因可能會是妹妹或弟弟即將出生，或是剛開始上幼兒園。另外，一位善於溝通和談判的成年女性，也可能會像小女孩一樣哭泣，原因可能是她被自己的憤怒強度嚇到，或是她應付不了自己面臨的挑戰。

如果你會過度負責，還很容易感到良心不安，對於某個出現退化跡象的人來說，你就是扮演縱容他們的角色的最佳人選。過度負責的人和責任感不足的人，根本是天生一對。因此，你應該特別警惕，避免因為自己的接手而讓某人進入退化狀態。

要了解退化的機制，在你閱讀以下段落時，試著回想自己曾產生退化現象的情況。這種情況可能不常發生，但你可能經歷過的某些事情，能帶領你更深刻地了解一切過程。

好的退化

所有人偶爾都需要放手，不必總是表現得像個成年人，什麼事都要在掌控之中。在一段良好的關係或友誼中，你可以切換開關，讓另一方可以暫時退化。比如說，當你遇到自己無法立即處理的問題時，這麼做可以讓你鬆一口氣：稍微放手一會兒、不必事事都去處理、讓自己哭出來、恢復成小孩的樣子，同時還有人願意傾聽，或許還會支持你。這是一種關心的方式，可以讓你再度充滿活力，給你勇氣迎接生活中的挑戰。

只有當你無法快速脫離退化狀態、回到成年心智的時候，退化才會產生不良的後果，只要能夠快速切換，就能適時表現、做出必要的決定。

當退化變成問題

當你出現退化現象時，就是希望有人能來幫你脫離現狀。但也許你只是暫時忘了那些你可以用來幫助自己的方法。例如：

有一天晚上，我已經壓力爆表，因爲關門時太用力，我不小心夾到自己的手指。我不確定該不該去掛急診，於是打電話給男朋友。他沒接電話，也沒有回電。我感到愈來愈挫折和生氣，因爲他一直沒有打來。我在房間裡來回踱步、盯著我的手錶看。我覺得自己被拋棄了。我又打了一次電話，邊打邊哭，最後留下一則以「你到底以為你在幹嘛」作結的訊息。接著我就只是一直哭、一直哭、一直哭。

三小時後，他終於回電了。其實他在家，只是忘了自己的手機設定成靜音。他答應會盡快趕過來。

跟他通過電話之後，我才冷靜下來。我對自己的反應感到有些尷尬，我不懂為什麼自己沒想過要打給別人、上網去查資料，或是把手指的情況拍下來傳給我那當護士的姊姊。有很多事是我早就可以做的，我卻像是滑進一個洞裡，看不見外面的情況。我甚至感覺如果沒有我男朋友在，我就什麼都不能做。

——瑪倫，27歲

扮演受害者的角色時，會產生一種很特別的怒氣，無能為力、行為退化，威力就跟某個餓極了的嬰兒一樣。當事人會感覺像是個無助、無辜的受害者，認為自己遇到的麻煩都是因為別人而起。

如何逃離受害者困境

就像我提過的，受害者進入了退化狀態。當你感覺自己是受害者時，會有那麼一段時間，你或許忽略了自己身為成年人擁有的能力和選擇。最有可能的情況是，焦慮使你感覺自己像個小女孩或小男孩。這時你需要回到成年的自己。以下的練習可以幫助你。

回想你曾面對極大挑戰的情境。把它們列成清單，並回答以下問題：

我是怎麼應對那個挑戰的？

我運用了怎樣的能力？

我是在某天晚上想到這個練習的。當時我意識到，我是唯一可以在第二天早上去檢查老鼠夾的那個人。我把身體蜷縮成一團，坐在沙發上，壓力如鯁在喉，想起我一生中聽到所有關於老鼠被捕鼠夾抓到之後的故事——牠們還沒死，只是殘廢，還可以爬行。我心想，明天早上我實在無法就這樣從後廊走出去，我辦不到、實在辦不到。

幸運的是，我知道有這種抗退化的方法，並開始回想我這一生中遇過的挑戰。我想起有一次，我曾經在大西洋上漂流得太遠。儘管我的身體開始疼痛，我還是盡了最大的力氣，逆著海流想游回岸邊，而且有一度我看起來根本沒有在前進。接著我又想起另一次，我撞到另一輛車，乘客跳下車生氣地瞪著我。我討厭下車，但我還是這麼做了。最後，我想起我的其中一個孩子出生時感染併發症的情景。找回這些回憶之後，我才能提醒自己，其實我一直都是個很堅毅的人，也很擅長整理自己的情緒、完成需要完成的事，即使當下的情況非常糟糕。

我又開始想起自己正面臨的問題。我在沙發上坐直身子，領悟到自己絕對可以應付隔天早上的挑戰。我當然可以。

當我把死老鼠從捕鼠夾裡拿出來時，我內心的驕傲跟快樂真是難以形容。通常，當我們打破自己的退化狀態、針對問題做出行動時，前面就會有獎賞等著我們。

如何幫助他人脫離受害者情結

如果困在受害者狀態裡的人，是你很親近的朋友或家人，你就應該幫助他脫離退化狀態。可以詢問他過去在人生中曾經應對過的挑戰，或提醒他你所知道的那些經歷。例如：「你還記得你被解雇的時候，你們兩個差點得把房子賣了嗎？那段時間對你來說一定很不容易。你是怎麼辦到的？你一定是個很堅強的人，你不這麼覺得嗎？」

你的幫助並不是要聽他抱怨其他人，尤其當你已證實了他確實有生氣的理由時。他會很樂意聽到你說「這實在太不可置信了」或是「他真該為自己到羞恥」之類的話。這麼做肯定會讓他高興，還會為好氣氛做出貢獻——雖然只是短暫的。從長遠的角度來看，這對你們兩個都是不健康的，你不過是在幫他抓住某個只屬於過去的遊戲。比較有效率的做法，是跟對方談談他有哪些能讓當下情況變好的選擇。

如果對方願意接受，你也可以跟他談談過去他確實是受害者的情況，例如童年創傷。在他處理自己兒時傷口、並為接納那時候就開始累積的情緒挪出空間後，他就不再需要找人玩這個遊戲了。

或許你無法肯定他有動力擺脫困境。把他自己視為無辜的受害者可能會有太多好處，又或者他只是太害怕了。

若是如此，你的工作就是照顧好自己。

你可以這樣練習

挑戰清單

回想某個你曾進入退化狀態的情境。仔細想想：你是不是和成年的自己與採取行動的可能性失去了連結？還是，那只是短暫而健康的退化期？

整理一份清單，列出你曾克服的所有挑戰。把這份清單放在某個你容易拿到的地方。下次當你又遇到看起來不可能解決的問題時，這份清單可能會有幫助。

本章重點整理

確實有一種健康的退化，是從某人那裡得到安慰。這種退化只會持續很短的時間，也可以是一種必要的釋放。如果退化的狀態一直持續下去，就會對經歷退化的當事人和身邊親近的人製造問題。

附和某個人對其他人的抱怨，其實沒有幫助。擺脫退化狀態、恢復成已經成年的自己，這樣才能開始負起責任、解決問題。

要是這個人沒有動力放下自己的退化狀態，身為朋友或家人的你，重要的是注意自己的狀況。

第八章

設立界線

回顧前一章英格的案例，在許多情境中，她表現得就像是個受害者，而加害者包括工人、醫生、官僚體制，或她覺得對自己不好的人。

英格的女兒喬瑟芬，無可避免地被捲入母親的衝突中。英格的憤怒具有驚人的力量，那是從小開始累積的，當時她就已經覺得自己的人生陷入危機。每當發生衝突時，她的情緒就會充滿整個房間。

在孩提和青少女時期，喬瑟芬盡了一切的努力，想在這場對抗「壞人」的戰役中幫助並支持自己的母親。她怕極了母親會把她代入「壞人」的角色裡。喬瑟芬經歷過幾次類似的情況，像是在舞蹈表演會上，她穿著一件英格縫製的美麗洋裝，卻不小心尿溼在裙子上。當時英格很生氣，覺得喬瑟芬毀了那一天，也帶走了所有縫製那件洋裝並把它拿出來炫耀的快樂。喬瑟芬覺得非常丟臉，丟臉到好想讓自己在世界上消失。

英格覺得只有自己是好人，卻一次又一次地成了別人所做壞事的受害者。還是孩子的時候，喬瑟芬毫不懷疑地接受了她母親的自我形象，但卻對她造成了嚴重的困擾。對一個美好、無辜的人，你只能有正面觀感。喬瑟芬試圖否定自己的感受，內心深處卻感到不真實，而且覺得一切都是錯的。

受害者需要自我壓抑

英格堅持的是只有孩童才可能有的期待：周圍的每個人都要把自己的情緒和需要放在一邊。也許你也曾經陪伴一個身陷困境的孩子，那時你會直覺地忘記自己、把注意力都放在那個孩子身上。當你看到有某位成人遇到麻煩的時候，也會有同樣的舉動。問題在於，這樣的情況若一再發生，或是你沒注意到其中包含的機制，每當你看到有需要的人，甚至某個人只是看起來有點累的時候，你就會反射性地行動。

陷入這類情況的成人如英格，也許沒有意識到自己會向周圍的人訴苦，試圖讓他人把她的需要擺在最前面。她的懇求是很難看穿的。她發出的訊號屬於小孩的層級，往往是非語言的。這些訊號可能是尖銳的語氣或絕望的表情。你或許會像面對小孩一樣，也會極力想幫忙，但同時你可能覺得自己有點抗拒，因為有些什麼不太對勁。一開始，你並不明白問題所在：她明明是個大人，卻想盡辦法從你身上拿到只有對小孩付出才會覺得自然的某種東西。這種情況若一直持續，可就真有問題了。

跟受害者在一起時，你不會有太多機會展露多樣的情緒。受害者會堅持別人只能用正向的方式對待她。這樣一來，你身上自然會出現的憤怒和挫折就沒了容身之處。如果你不看穿這樣的行動，就很容易把憤怒轉回到自己身上，因此覺得內疚，也覺得一切都錯了。

為你將聽到的訊息設立界線

面對一個在本質上被激怒、只能用非黑即白方式思考的人，聽他說話可能會讓人覺得壓力極大。自以為正當的憤怒可能會非常強烈，如果你和這樣的人很親近，就會讓你感到生氣。英格的女兒這樣說：

> 我母親在生某個人的氣，或是有人對她不好的時候，光是跟她講電話都會讓我覺得抓狂。有一天，我正坐在電腦前工作，那時我剛跟她講完電話，有位同事突然衝進辦公室問我事情。我聽見自己在回答她時生氣得不得了，她看起來很害怕，事實上連我自己都嚇到了。那並不是我平常會跟同事說話的方式，感覺就像母親的憤怒悄悄潛入我的生理系統一樣。
>
> ——喬瑟芬，44歲

一段時間後，喬瑟芬再也不想接英格打來的電話。她設法告訴英格，聽她訴說憤怒的壓力有多大。喬瑟芬還說，她很樂意和母親講電話，只要她們可以取得共識——從現在起，母親不再把所有遭遇的衝突都跟她說，她們可以聊其他的話題。一開始，英格很生氣，還覺得被背叛了，但她最終領悟到，若她希望維持母女之間的關係，就必須照女兒的話去做。

受害者的憤怒

一個有受害者情結的人，其憤怒可能會強大到無法對讓他生氣的對象有任何同理心。這樣的人實在不太可能有興趣想從另一個人的角度看待事情，也往往無法意識到自己有多生氣，還會覺得自己只是心情很差，而所有的侵略行為都是對方所引起。

對家人或是所愛的人來說，看穿受害者虛假的悲傷，是很困難的。

小時候，我總以為我母親很悲傷。她是這樣跟我說的。如果她對我做的某件事感到生氣，總會讓我感到加倍內疚。讓她覺得悲傷實在是太糟了。一直到三十歲後，我才開始明白，她所謂的「悲傷」指的其實是憤怒。那時候我才開始振作起來、找回真實的自我。

——喬瑟芬，44歲

如果你開始能看出對方事實上是在生氣而非悲傷，你就較容易允許自己也展現憤怒的情緒，並為此設立界線。

你可以這樣練習

和受害者一起思考

想想看，當你聽到有人在抱怨其他人，而這個人通常只會把自己視為受害者，你會有怎樣的反應？你會和他一起掉入受害者的陷阱，還是會跟他談談，或許有什麼方法能夠改變他的處境？

本章重點整理

如果你和某個會把自己當成受害者的人很親近，一定要當心自己的狀況。當事人大概不會意識到，他向你訴苦、希望你接手的意圖多強烈。你也許會覺得內疚，或是你未必能感覺到他的情緒，又或者你根本就幫不上忙。清楚自己的界線是很重要的，因為你才是可以決定自己要聽進多少、決定自己想涉入多深的人。

第九章

承認你也有責任

月亮有它黑暗的一面，是我們看不到的；我們當然也會有黑暗面，儘管有時自己未必能意識到。當不好的特質被隱藏起來時，反而會造成更大的傷害。對我們來說，把這些特質攤在陽光下、和自己和解，是很重要的。

我們已經在上一章看過，當親近的人缺乏責任感時，有哪些保護自己的方法。這一章則會說明，透過掌控自己身上所有的特質（包括那些你並不在乎的特質），你可以讓自己更完整。你變得愈完整，就愈能保護自己對抗不受管控的內疚——它們往往會在團體裡四處漂流、等待著上岸的機會。

生別人氣的時候，你可以利用這種感覺揭露你對自己還不了解的部分。下次有人做出冒犯你的舉動時，記得大聲對自己說：「我也可能會犯同樣的錯。」例如：

每次聽到有人對彼此口出惡言的時候，我就會覺得很抓狂。當我告訴自己「如果有一天我覺得壓力爆表，我也可能會犯同樣的錯」的時候，我不只感覺這句話是眞的，還發現自己也曾對好幾個我認識的人口出惡言。這個練習幫助我用更正向的眼光去看待身邊的人。我也決定要放寬標準，容許自己偶爾表現得不那麼理想。

——波爾，32歲

如果你覺得自己是「對」的，失敗或犯錯就只會別人的事，也可以說你是在讓其他人承擔你的某些黑暗面。你愈能整合自己身上較不那麼討喜的特質，就會愈清楚看見、為他人挪出空間，你也會因此變得更完整。想擺脫受害者心態，就要先覺察自己的黑暗面。

成長和成熟，來自於了解我們和其他人之間有多少共通點，包括那些我們不喜歡的人。我們愈能成長、摒棄自己想評斷他人的衝動，就愈不會那麼嚴苛地評斷自己。想對自己誠實，就需要自己的黑暗面幫你一把。

如果你在無意中，已經選擇只找出自己身上的正向特質（比如友善和溫柔），卻壓抑自己較反抗且遲鈍的那一面，就很難做出某個會被討厭的選擇。當你敢偶爾找出自己身上的自大或無助，就較能為自己在世界上開拓出一席之地，用你真正想要的方式活著。

為你的選擇負起責任

承認生氣或嫉妒之類的負面情緒，會讓你更能掌控它們，也讓它們不會再對你產生那麼大的影響；而當你在別人身上察覺到這些情緒時，你也可以避免對它們感到害怕。

為自己挺身而出、讓自己變得完整，除了較為光明的那一面以外，還包括你的黑暗面——這麼做是為了讓你挪出空間，讓其他人也有勇氣做出同樣的舉動。誠實面對自己的不足之處是具感染力的，你將會在周圍散播開放和接納的氣氛。相反的，要是出了錯或意外，卻沒有人想為此負起責任，家庭或團體的氣氛往往會變得緊張。這時若有人敢於挺身而出，說：「都是我的錯。」氣氛就會立刻變得和緩。

透過承認錯誤或應該負起的責任，就可以避免其他人把責任都攬在自己身上。下面的例子，說明了誠實面對離婚中的選擇和責任，可以讓孩子感到釋放，不必面對他們無法承受的內疚。

梅特決定要離婚了。她告訴朋友、丈夫以及孩子：「再不離婚，我就要得憂鬱症了。」這是個很好的理由，也讓她免除了沉重的內疚感。然而，她的孩子很沮喪、苦惱，也不肯談論內心的感受。遵照心理治療師的建議，梅特選擇對自己的決定表現出清楚且直接的態度。

她告訴她的孩子：「我知道你們很不開心，因為我拆散了我們的家。如果你們覺得生氣，認為我做的決定很自私，我完全可以明白。」沉默好一會兒之後，她補充道：「真希望我能擁有我想過的人生，卻不需要讓你們付出代價。希望有一天你們可以原諒我。」

梅特花了好長一段時間整理自己，才能告訴他們這些話。結果很值得。孩子們變得更容易談論離婚這件事，她和他們之間的關係也改善了。她很開心自己有機會幫助他們卸下心裡的重擔。

當梅特表示自己必須離婚，否則會極度憂鬱的時候，她已經減輕了自己的內疚感；但另一方面，孩子們卻因為自己的悲傷和憤怒而感到內疚。

如果梅特事實上沒有選擇，他們就無法允許自己出現負面的反應；如果她只是個無助的受害者，他們也無法允許自己讓她覺得有負擔。

選擇要怎麼做的時候，我們都有自己的理由。當我們選擇承擔責任，不讓其他人沉溺在自我辯解的解釋中、乞求原諒，或以某些方式把其他人放在艱難的處境中，我們對他們造成的傷害就能降到最小。

承認錯誤，是你給他人的一份禮物

如果你選擇承擔責任，或許就能減輕其他人的羞愧和做錯事的感覺，同時還能讓他們更開心、提升他們的生活品質。隨著時間過去，我們會變得更有智慧。然而，儘管你可能已經盡力避免，卻不得不承認，因為缺乏見識，你還是做了傷害別人的舉動。例如：

孩子還小的時候，我經常生丈夫的氣，因爲我不覺得他有分擔家務。那時他才剛開始擔任教師，那是他的第一份工作。也許我有點嫉妒他，因爲他可以離開我們的家、和其他成年人對話。我覺得他根本沒有理由抱怨新工作很困難。我曾經看過姊夫下班回家後，穿上圍裙就開始做家事。我覺得丈夫的表現實在很不公平，因此我會對他大吼大叫、經常羞辱他，最後我們離婚了。

十年後，我獲得我的第一份教師工作，才發現教書有多麼難。而且我也愈來愈了解每個人之間有多不同，並不是每個人都擁有同樣程度的精力。我過去的作爲眞的讓我覺得很尷尬。

——梅根，52歲

如同上例中梅根的行為，偶爾我們都必須承認，我們太快就錯怪別人了。我們往往拒絕承擔後果、會錯怪他人，最後必須為此做出彌補。

梅根選擇這麼做：

十二年後，我聯繫了我的前夫，提議跟他見個面，喝杯咖啡、談談過去的日子。我們聚在一起時，我告訴他我很抱歉，過去對他大吼大叫，還錯怪了他，也告訴他現在我才明白，當時他已經盡力了。他回答說，他當然可以理解當時我必須整天在家跟孩子們在一起，對我來說有多辛苦。關於做爲年輕父母的那些事，我們聊得很開心，甚至能夠對我們的錯誤和當初有多天眞一笑置之。

像這樣收回高姿態評價的聚會，對雙方而言會有極大的意義。在上面的例子裡，要是什麼都沒做，那些令人不快的評價或許還是會讓她不得安寧，也可能是造成她自尊低落的因素。為某件事負起責任的舉動，是一份意義重大的禮物——而且不必花大錢。

你可以這樣練習

承認自己的錯

回想某個你曾經評斷別人的情境，想想自己身上是否也有那些你所譴責的特質。也許那是其中一、兩個你需要駕馭的特質，把它們找出來，才能解決你自己的問題。

回想某個你肯定也有錯的情境，並大聲對自己說：「都是我的錯。」你甚至可以寫信給被錯怪的那個人，並且承擔責任。仔細回想自己身邊是否有任何人，需要聽到你說某件事是你的錯。如果有，請踏出那一步，這對他們來說將是一份禮物——他們會很開心，感覺如釋重負。

本章重點整理

為自己挺身而出，接受所有複雜的情緒、渴望和想法，是我們一生都要訓練自己學會的一件事。我們愈是擅長這件事，就愈不會把自己的情緒或特質投射在別人身上；我們也能承擔自己應該負起的責任，不會落入帶來破壞的行為模式，讓自己因為無法負荷沉重的內疚感而徹底否認我們的責任，並把它推給其他人。

第十章

避免補償的行為

對某些人來說，內疚實在很難應付，因此他們會千方百計地想透過補償策略來逃避它。可能是某個人覺得自己沒有太大的吸引力，因此透過表現得特別友善或樂於助人做為補償。或是有人對自己做的某件事感到後悔，努力想彌補。如果當事人補償的行為持續很長的一段時間，幾乎已經變成固定的生活模式時，就會產生問題。

以下舉三個例子，來說明補償行為。

實例1 對成年孩子的補償

我的女兒露易絲，今年已經二十五歲了，卻還沒找到可以定下來的對象。我很擔心，會不會是因爲在她小時候，我沒有表現得特別關心或是愛她，才讓她有這樣的情感缺陷。表現親密從來就不是我的強項。我總是精力充沛、效率極佳，每當有許多事情得做的時候，總會盡我的全力。但現在當露易絲需要我的幫忙時，我就會立刻放下手邊的一切。

——安娜，53歲

安娜因為自己在露易絲年幼時，沒有給予足夠的親密感而覺得內疚，這讓她想對露易絲做出補償，因此，每當露易絲需要她的時候，她就會丟下手邊的一切工作。安娜出現在我的辦公室時，我們談了她內疚的感受，她經常讓自己深受這種感覺折磨。我問安娜，她的母親在她年幼時表現得如何。原來，她的母親和外婆也同樣沒有表現出足夠的親密感，這其實是整個家族的問題。安娜恍然大悟，現在，她可以跟家族裡的其他女性一起分擔責任了，這讓她鬆了一大口氣。

在這個例子裡，安娜的內疚感並不是真正的問題。內疚感代表的是她的心理狀態；也就是說，她希望自己可以做得更好。如果她一點也不在乎，情況會變得更糟。學會替內疚感挪出空間、與之共處，能讓你的個性變得成熟。

安娜採取的補償策略，才是更大的問題。這些行為傳達給露易絲的訊息是：我所遭遇的問題，都是母親的責任。剝奪其他人應該負起的責任，對任何人來說都是不健康的，包括我們已經成年的孩子。該為他們的幸福負責的人，是他們自己，不是父母。這點非常重要。

露易絲已是個成年女性，她才是唯一能為自己創造幸福生活的人。無論安娜多想，都不能代替露易絲這麼做。露易絲的童年創傷提供了成長的機會，只有她自己才能把痛苦轉變為收穫，創造令自己滿意的生活。

身為父母，我們可以幫助並支持自己成年的孩子，如果負擔得起，甚至可以為他們付費、提議他們去接受心理治療——如果我們覺得有幫助的話。但是，我們必須克制自己，允許他們經歷屬於自己的危機、做自己的選擇、因為自己的舉動而招致內疚，並為此負起責任。

在這一切發生的同時當個旁觀者，說來容易，但做起來難。我們會想把孩子背在自己背上、以度過人生中艱難時刻的渴望會非常強烈，因此，眼睜睜看著他們因為失敗而痛苦，可能會讓人難以忍受。然而，不過度涉入孩子人生的獎賞，就是可以看到他們成長、見證他們在面臨並克服挑戰時獲得的快樂與驕傲。

與其過度干涉成年孩子的人生，不如專注地扮演他們的良好模範。

除了接受治療，安娜也透過練習瑜伽和正念來增進自己表達親密的能力。一開始是想為她的女兒樹立榜樣，但後來成了安娜新的生活風格，她開始用一種新的方式享受人生。同時，她也在預備自己成為一個充滿愛、關心他人的外婆——要是有一天她有機會迎接外孫的話。

給孩子比我們曾經獲得的更多，並不容易。家家都有屬於自己的挑戰，只是大小的差別而已。有些家庭會遇到暴力問題，有些家庭會面臨嚴重衝突，其他家庭則可能容易感到焦慮或憂鬱。天賦和問題會代代相傳，要是後者的狀況持續出現，你可以透過接受治療並改善自己，停止負面的傳承。只要你想辦法把更好的做法傳下去，就會產生正面的貢獻。如果你因為嚴重的家庭問題而感到筋疲力盡，還依然期待變成孩子眼中的完美父母，那你真的對自己要求太多了，很有可能因為內疚感而喪失行動力。

實例2　對情緒感到內疚所做的補償

我的母親沒受過什麼教育，我則擁有高階學位。當我母親發表她拙劣的見解時，在我聽來實在很蠢，而且我會因此被激怒，但接著我就會開始對自己生氣。教育水準不高並不是她的錯。當我和她在一起時，我注意到，每次她看著我的時候，我都會露出微笑。

——布莉琪，37歲

如果布莉琪敢為自己的感覺挺身而出、放棄裝出笑臉，她跟母親相處時的壓力就不會那麼大，而她母親或許也會因為不必面對燦爛卻虛假的笑容，感到比較自在。如果知道自己的意見會讓女兒想翻白眼，她母親可能會有不好的感受，但事實就是如此。比起維持虛假的現狀，這麼做是比較好的。幫助別人維持他們對自己的幻想需要很多能量，而這是在浪費時間。

實例3 對自己做過的壞事所做的補償

當我們還是孩子的時候，我會欺負我的弟弟比爾。比爾青少年時遇到很多問題，他覺得都是因爲被霸凌的關係。就算現在已經是成年人了，他還是遇到很多問題，也會跟我保持距離。

我當然感到很抱歉。每次看到或聽到他的問題時，我就會退縮。跟他在一起時，我會傾聽他的問題並盡己所能幫助他，但他幾乎從來不會照我說的去做。

每次週末跟比爾共處之後，我往往會有一種空洞的感覺，覺得只是在白費力氣。

——漢斯，62歲

不管漢斯道歉多少次或做出多少補償，也無法改變已經發生的事。透過為比爾現在的幸福負責，他所造成的傷害其實遠大於好處，因為，唯一能承擔這些責任的人，只有比爾自己。

漢斯若能表達他的無能為力，而不是在各方面想辦法取悅比爾，他就會貼近實際情況。他可以對比爾說：「但願我能回到過去，讓一切重新來過。」

我們可能會有各種理由，覺得應該犧牲自己的快樂，在別人需要的時候陪在他們身邊。但是，當我們這麼做的時候，最終卻對我們想幫助的對象增加了負擔。我們沒有把自己的生活過得淋漓盡致，反倒變成了他們的錯。我們當然可以假裝自己很享受自我犧牲的感覺，假裝不只可以騙過他們，甚至可能騙過我們自己，但長遠來看，這樣做很少會有好的結果。

原諒你自己

內疚其實是壓抑的憤怒。憤怒會迫使我們去做某些重要的事情，例如遵守我們對自己或他人所作的承諾。但是，在我們無法或不想改變某些事情的情況下，壓抑的憤怒可能完全是浪費力氣。

當你無法滿足自己最親近的人的需求時，自我批評是不會有幫助的，而且這麼做也沒有任何意義，因為你沒有認清自己的限制。此外，如果因為你的無能而讓所愛的人面臨額外的挑戰，其實也不是什麼災難——沒有人能過著一帆風順的生活，而挑戰也可以轉化為成長。

我們都會犯錯、做錯選擇，但也會從這些錯誤中學習。我們必須努力和自己以及我們所做的選擇和睦相處。

有時候，自責純粹只是自我懲罰，它可以當做一種面對不愉快時的防衛機制。例如：做了的事就是做了，沒有人可以改變；壞事會發生在自己或其他人身上，都是因為我；顯然我不像自己以為的那樣好。在我們能夠降低防衛、原諒自己之前，可能會有很多內疚的感覺需要被消化。

最有可能的情況是，就你當時所知的一切，你已經盡力了。如果你看著後照鏡、清楚地看到你的行為完全出於自我中心，甚至違背了自己的價值觀，記得要為有勇氣承認並接受自己內疚的行為表揚自己。不要判自己終身監禁、用餘生來懲罰自己。如果你實在太難跟內疚感共處，可以找一個自己信得過的人聊聊。

原諒自己並不代表你從此不會再自我折磨。你其實完全無法掌控自己的情緒。原諒，可以是決定不再懲罰自己，反過來盡最大的努力，專注在正面思考。

你可以這樣練習

你也曾經過度補償嗎？

回想一下，你是否曾因為想替自己說過、做過或曾有過的感受做出補償，而在一段關係中給自己壓力、想給得比自己能力所及還要多？

本章重點整理

有些人會想透過彌補自己做錯的事，來消除良心不安的感覺。他們也許終其一生都會懲罰自己，但這並不是健康的對策。做了的事就是做了，無論他們為補償盡了多大的努力，也沒有人能讓它復原。

如果你在一段關係中犧牲自己，想彌補你所犯的過錯，它就不算是真正的關係。而你也很有可能會剝奪其他人應該負起的責任，因為對方才是唯一能把痛苦轉變為成長、為了讓自己往前走採取必要舉動的人。

當然，為某件事做出補償，也可能是好的解決方法，只要你不強迫自己長時間自我壓抑——這麼做對誰都沒有好處。

重點在原諒你自己。

第十一章

擺脫不理性的內疚感

在這一章，我會更進一步說明該如何應對不理性的內疚感。不過，也會先釐清理性與不理性的內疚感，以及內疚與羞愧之間的差別。

內疚和羞愧的差別

內疚和羞愧最基本的差別：

內疚和「行為」有關。重點在於你做了或沒做的事情。

羞愧和「狀態」有關。指的是某件跟你有關的事讓別人覺得尷尬或是錯誤。

內疚感其來有自。如果你感到內疚，通常可以解釋自己做了什麼或沒做什麼，才導致某件事發生。羞愧就不同了，它通常是對於某種狀態模糊的感受，因為實在太不對勁了，所以如果有任何人發現它的存在，都會覺得很尷尬。你可能會因為跟自己外貌相關的事情感到羞愧，比如說，你的髮量太過稀疏，或是你發現自己把醬汁撒在襯衫上。你也可能會因為自己想做的事情，或是某種你覺得尷尬的感受而感到羞愧，比如說，愛上某個根本沒機會發展戀情的對象。事實上，各種事情都可能讓你感到羞愧。羞愧的感覺往往會和情緒或是其他人很難覺得尷尬的特質有關。

我們會對什麼事感到羞愧，因人而異。某個人可能會對自己的愛感到羞愧，而另一個人卻可能會因為自己的憤怒覺得羞愧。你也可能會感到羞愧，卻無法明確指出到底是自己身上的什麼特質，讓你感到如此羞愧和不對勁。

如果是內疚，我們的焦點就會放在已經造成的傷害上，比起和羞愧有關的尷尬感受，我們通常會覺得有必要做些什麼。

感到羞愧時，我們很少會因為特定的事情自責，除了在某些我們覺得自己應該把這種感覺隱藏得更好的情況下。羞愧是沒辦法彌補的，而且，除了會想躲起來，通常不會有衝動想做些什麼。

在我的著作《我就是沒辦法不在乎》（*Tools for Helpful Souls*）裡，你可以讀到應對羞愧的方法。

不理性的內疚

不理性的內疚感和理性的內疚感兩者的差異在於，它和你所擁有的影響力是不成比例的。如果是針對你根本無力掌控的某件事，感到內疚就是不理性的。比如說，你的母親被迫嫁給一個她本來不會嫁的對象，或是你可能生「錯」了性別，不符合父母的期待，你就可能會因為自己被生下來而感到內疚。又比如說，你的情緒並不是伴侶或孩子需要的，你也可能會因此感到內疚。在這些情況下的內疚是不理性的，因為你不應該對某件自己無法掌控的事情感到內疚。你無法決定自己對某個人的感覺，或自己生來是男性或女性。

不理性的內疚可能跟羞愧很像。你很確定自己做錯了，但不太確定到底是什麼事，也不確定自己可以做些什麼來彌補。會覺得自己應該要做些什麼，可能是因為你心裡的幻想，認為自己對當下情況能夠掌控的程度或擁有的影響力比實際上還多。例如：

我去看我父親的時候，他總會把大部分的時間用在給我人生建議上。顯然他過得不是很好，所以我很努力想對他好一點，儘管我根本不在乎他的建議。我一直在思考，希望能想出和他展開具建設性的對話方法。

每次我要離開的時候，他總會覺得太早了，「你才剛來耶。」他總會這樣說。在回家的火車上，我感覺自己的快樂全都消失了。我覺得又累又難過，很難處理任何事情。對於父親過得不好，而我顯然沒辦法幫助他一事，我覺得很內疚。

有一次我回家後，女朋友說：「魯納，你已經盡力了，沒有人可以要求你再做更多了。」接著我就哭了，我可以感覺到自己一直以來有多難過。當時的感覺就像壓住我胸口的大石頭被打碎了，於是我又有了足夠的空間，可以再度感到快樂。

——魯納，42歲

感覺到不理性的內疚時，你會很想做些什麼，即便你通常不知道該怎麼做。這也正是會讓情況變得讓人苦惱又難過的原因。

魯納因為沒能讓他的父親感覺更好而怪罪自己。這份內疚感似乎迫使他和自己變得疏離，而這種感覺實在太過強烈，使得情況持續了好幾天。但漸漸的，他學會如何讓他甜美又有智慧的女朋友來幫他，好讓他能更快做回自己。

在許多情況下，我們很難斷定內疚感是出於理性還是不理性。理性的內疚中，通常會有某種不成比例生長的種子，會讓你的良心不安變得更糟。比如說，你和自己的伴侶分開，之後對方就崩潰了。如果你覺得問題都是你的錯，良心不安的感覺就會變得更嚴重。或許你只是部分該被怪罪的理由，但離婚絕對不只是其中一方的錯。要如何應對自己的感受，主要還是對方自己的責任。

不理性的內疚必須被揭露出來，你才能明白，它和你的情況有多麼不相關。當你終於明白這種內疚並不理性的時候，就可以檢視它、對它感到好奇：為什麼它的破壞力會變得這麼大？你有什麼危急的事情受到威脅？以下兩個練習，可以幫助你仔細探究當下的情況。

檢視你的內疚

不理性的不足或內疚的感覺，可能很難被發現。寫一封道歉信可以幫助你更貼近自己的想法，讓你更能看清楚當下的狀況。

寫信的時候，記得放下理性的自己。沒有人會在乎你道歉的事情甚至是別人的錯，也沒有人會在乎這件事情到底有沒有道理。你只須單純地透過道歉的動作，讓你的內疚試著為自己彌補。就讓它自由地發聲就好，不要預先審查。例如：

有一天，亨瑞克的前女友順路來看他。她到現在還是很喜歡他，不但花了很多時間打扮，還帶來了很豐盛的餐點。她替他補好了褲子上的洞，盡一切所能想讓他開心。等她離開之後，他不但覺得心力交瘁，還感到良心不安。

這是他寫的道歉信：

我很抱歉，我並不像妳喜歡我的那樣喜歡妳。
我很抱歉，我們在一起的時候我覺得很無聊。
我很抱歉，我已經不再愛妳了。
我很抱歉，妳是在浪費妳的時間。
我很抱歉，即使妳並不開心，我卻覺得很開心。

寫完這封信之後，亨瑞克才明白，以不理性的量測器來看，他的內疚早就已經顯示為超標的紅色；他也才明白，他就是無法產生前女友乞求他能有的感覺。

表達你的無能為力

我們可以利用「但願」這個關鍵字，來表達自己的無能為力。當亨瑞克改寫他的信之後，他感到鬆了一大口氣。

但願我能像妳喜歡我那樣喜歡妳。

但願我能變得心情振奮、受到激勵。

但願我能讓妳開心，只要我也愛上妳。

但願我能許妳一個和我共度的未來。

但願我們兩個都能開心。

再舉個例子：

伊娃剛參加完一場家族的生日派對。她其實沒什麼心情，而且她妹妹在跟她道別的時候看起來有點疏離。回到家之後，她感覺自己超級失敗。

這是她寫的道歉信：

我很抱歉，我很累。

我很抱歉，我沒有滿場打轉、跟每個人聊天。

我很抱歉，有段時間我就只是坐著發呆。

我很抱歉，我並不開心，也不覺得好玩。

我很抱歉，我對派對上的許多談話一點也不感興趣。
我很抱歉，我沒辦法讓氣氛變得和緩。

她把這封信改寫成了表達無能為力的信：

但願我能有更多精力。
但願我有跟每個人說到話。
但願我能表現得更機警且周到。
但願我能讓每個人都開懷大笑。
但願我能覺得更受到鼓舞。
但願我能在每個人中間散播歡樂。

愛你的伊娃

寫完第二封信之後，她為自己的好動機自我讚許，她也因此覺得心情好多了。

以下是另一個可以用來檢驗並應對不理性內疚的工具。

讓你的內疚發聲

以自己內疚感的角度出發，寫一封信給自己，讓它們告訴你，你該怎麼做，才能讓它們不再對當下的狀況感到內疚；讓它們把屬於它們的訊息傳遞給你。卡洛琳想像自己是她的內疚感，並寫下這封信：

親愛的卡洛琳，

別再拒絕他了。妳看得出來，這樣讓他心情很差。他需要妳在身邊陪伴。想想看，他可能會覺得多孤單、感覺被遺棄。妳就是必須更愛他。他已經爲妳做了一切他能做的。對他展現更多自己美好的那一面，這是妳欠他的。妳必須確保他一直都覺得開心。這是他應得的。

卡洛琳的內疚感　敬上

等你寫完這封信之後，再寫下一份清單，列出信裡提到的控訴。以下是卡洛琳列的清單：

我應該要像他愛我那樣地愛他。

他值得被愛。

我應該在他身邊陪他。

我必須讓他感到開心。
否則我就會讓他覺得心情很差。
他值得最好的對待。

等她讓自己的內疚感發聲之後，一切就很明顯了。比起像她這樣的凡夫俗子，最能達到這些要求的對象，是一位全能的上帝。

等你列出你的清單後，再以拒絕的論點回答每一項控訴。以下是卡洛琳的回答：

你無法決定自己要多愛某個人。
被愛並不是應得的。
每個人都需要時間跟自己相處，不能任人差遣。

他才是那個應該想辦法讓自己的生活過得開心的人。那並不是別人的責任。

難過根本傷害不了任何人。

沒有人會好到讓自己永遠不用面對艱難或失望。我們都必須和自己生活中的痛苦共存，而痛苦往往是通往嶄新機會的大門。

讓他嘗嘗艱難的滋味、平靜地被打敗，他就會變強壯。

透過練習，卡洛琳才意識到她對自己的要求有多艱鉅、多不可能達到。這個見解打破了充斥在她腦中的負面想法，也挪出了空間，好接納其他更具創意的想法。

這項練習的重點在於，不要只是在腦中進行，要把自己的想法寫下來，才能跳脫出來檢視它們。買一本標準尺寸、內頁空白的筆記本（不要是橫線或方格的）。允許你的內疚在左側發聲，然後在右側做出回應，這樣就能並排對照自己的內疚和對此的回應。

有時候，情緒會告訴你一些和理性想法不同的事。比如說，經歷一場徹底失敗的會議之後，你可能會感到內疚，即使你很清楚自己已經盡力了。或者，你可能因為一場交通事故而感到內疚，即使你被別人從後面追撞，根本沒有機會避開它。一邊是腦袋理性上知道的，而另一邊是情緒要告訴你的。這兩種訊息都可能影響你、牽引你走向不同的方向。又或者它們可能會輪流成為主導的訊息。在紙上並排檢視它們，能讓它們之間的衝突變得清楚明顯，逼得錯誤的那邊不得不讓步。

寫完筆記本裡的練習之後，你可以坐下來、輪流閱讀兩邊的訊息。讓自己的眼睛在左右兩邊來回移動。花點時間想想它們的差別，感覺一下那會如何影響你的內疚感。

把筆記本打開、放在自己經常會經過的地方，好讓它提醒你，你感到內疚的想法未必是真的。每次感到內疚的時候，就可以把筆記本拿出來用。

要是覺得回應內疚很困難，跟某人談談或許是個好主意。對一個完全的局外人而言，總覽一切的情況會比較容易。

或許你也可以在以下敘述中找到協助。你會讀到好幾個例子，說明哪些情況不是你的錯；最後一個例子，則說明你可能有義務採取的行動。

你會有情緒

你不欠任何人某些情緒。就算他們有百分之百、跟你相關的正確情緒，那也不關你的事。我們不能選擇自己的情緒。

成年人應該為自己的生活負責

每個成年人都有責任為自己創造幸福的生活，也有責任把逆境轉變為成長的契機。

沒有人可以要求擁有一個完全缺乏挑戰的人生，無論他們是多麼完美的人。

你是有限制的

你不欠任何人，不需要做超過你能力範圍的事情。

沒有人可以要求你無條件去愛自己身邊的所有人，比如說，要求你必須給孩子自己從未擁有過的一切。

你有義務採取行動

當你辜負了別人的期望，而且你的問題傷害到他們的時候，你可能有義務盡力去尋求幫助。

在下一章中，將有更多關於不理性內疚的說明，以及如何理解並應對它的方法。

你可以這樣練習

道歉信與內疚清單

回想某個曾讓你感到內疚的情境。

寫一封道歉信，說你對一切感到抱歉——包括完全不可能、也不公平的那些狀況。接著用「但願」這個關鍵詞，把每一則道歉改寫成無能為力的陳述。把這個過程對你心情產生的影響記錄下來。

你也可以回想另一個情境，讓你的內疚寫信對你吐露心聲。整理一份清單，列出信裡所有的要求或控訴，並針對每一則個別回應。除了要求和控訴之外，也寫下你的回答，讓它們並排，好讓你可以看見兩邊的對比。

本章重點整理

我們感受到的內疚，有時會比當下的實際情況還要強烈。當我們對內疚感發出詰問：需要付出什麼代價，才能讓它放過自己、不再折磨自己時，不理性的內疚感就會揭露它的存在。當你意識到這有多不理性的時候，就可以掙脫它的束縛。

第十二章

在更深的層次獲得釋放

如果你內疚感是不理性的，可能是某種跡象，顯示背後有事正在發生。你的內疚感可能掩蓋了你不想面對的現實情況，或是憤怒、無助與悲傷之類的感受。它也可能是一種防衛反應，讓你不想承認自己感覺到的快樂是錯的。

對快樂感到內疚

內疚有時候可能會太過頭了，因為它掩蓋了某種不被允許的情緒，你甚至一點也不想承認這種情緒的存在。比如說，你可能會因為自己更漂亮、更有錢、更聰明、更健康，或在其他方面比某人好而感到開心。有些人會覺得這樣是不對的，因為他們誤以為這種開心的感覺是幸災樂禍。然而，他們可能只是單純地覺得感恩。就算真的是幸災樂禍，那其實也是一種不會傷害任何人的快樂，除非你覺得有必要告訴全世界。

控制情緒並不容易。就算你真的想這麼做，你也無法讓自己的快樂消失——針對內疚感做些什麼還比較容易。有一個很簡單的解決方法，就是調整你的個人習慣，比如說，停止你喜歡拿自己跟別人比較的習慣。

憤怒只是用來掩飾的情緒

在某些案例中，當配偶因病死亡後，留下來的一方往往會變得憤怒。這樣的憤怒可以被理解為一種危機的跡象。就某方面來看，當事人和自己是疏離的，他還沒準備好面對現實，或是缺乏出現情緒反應的能力。

如果他是那種會把憤怒抒發出來的類型，就會將怒氣指向某個他認為應該為死亡負責的人，比如醫生、護士或是開太慢的救護車。如果沒有人確實做錯而應該負責，他或許會把怒氣指向死者、家人或是死者深愛的人，因為他覺得死者生病的時候，這些人陪在他身邊的時間並不夠。

相反的，如果他把憤怒壓抑在心裡，就會演變成內疚和良心不安的感覺。這些感覺的重點可能會放在配偶瀕臨死亡的那些日子，他會希望當時自己能做得更多，或是更常陪伴死者。內疚感也可能跟他和死者的關係有關，他會覺得自己應該說更多好話，或是為死者付出更多。

無論怒氣指向哪裡，都可以被視為一種不想面對現實的防衛反應。只要你的想法只專注在過去，例如幻想事情可以變得更好，死亡的感覺就不會這麼真實。你可能會短暫地欺騙自己，覺得你所有的憤怒或遺憾都可以改變現實。

當內疚的感覺發揮了防衛的作用，他就不會想再說出憤怒或良心不安的感受。這樣一來，他身邊的人就會很難了解，為什麼在他們看來極為平常的話語或行為，卻會讓他感到如此內疚。把遺憾看做對抗其他情緒，或不想面對可怕現實的防衛反應，一切就都說得通了。只有在一段時間過後，當他開始感覺回到原來的自己，才可能明白沒有人是完美的，也明白自己的行動和行為都只是普通人的反應，是可以被原諒的。

同樣的機制也可能發生在失去其他人事物的期間，比如因為離婚而失去伴侶、失去朋友、失業，或是失去健康。在這些情況裡，良心不安的感覺也可能會像厚重的毯子一樣蓋住你，保護你不去面對還沒準備好要承認，或沒有能力處理的見解或情緒。

內疚是對無助和悲傷的防衛反應

回顧上一章的案例，魯納因為自己的父親過得不好而感到內疚，在內疚之下可能還隱藏著其他情緒。魯納因為父親總是給他不必要的建議而感受到的怒氣，一定被埋藏在內心的某處，也許還摻雜著一定程度的悲傷，因為他沒有從父親那裡得到他需要的東西。

他的內疚事實上是壓抑的憤怒。魯納內心存在著某種邏輯，讓他在和父親失能的接觸中，選擇把自己的憤怒壓抑下來。對某個最強大的人感到生氣是很合理的，因為你相信這個人有能力改變一切。或許魯納在潛意識裡意識到他比自己的父親更強大、更有能力，但他卻高估了自己，覺得自己可以拯救父親。如果對方並未真心想被救贖，你是不可能拯救他們的。魯納的父親並不想改變，他寧可維持自己的老大地位，對兒子提出建議。

魯納的內疚，是基於他能改變這個情境的幻想。對他來說，看出父親在這個情境下的無助、眼睜睜看著父親的痛苦並不容易。他極度希望父親可以過得好，他也很難放下自己能夠拯救父親的希望。然而這其實是一種幻想，認為他可以、也應該幫助折磨他的父親。如果他能夠把自己內心的某些怒氣發洩出來，用它們來設立界線、拒絕父親給他的那些建議，會是比較好的做法。

當你在某段關係中感到內疚並注意到它，試著找出你無法面對或承認的現實情況，可能會很有幫助。如果關係中的對方過得不好，也缺乏積極對你感到興趣的心力，你或許就會感覺到潛藏在表面下的憤怒和悲哀。

重點是：你想要什麼？

知道自己在關係中想要什麼，是很重要的。情緒，其實就是對於你的期望能否被滿足而產生的反應。

如果你得到你想要的，就會覺得快樂。

如果你覺得自己可以透過戰鬥爭取到想要的東西，你的憤怒程度就會隨著戰鬥意志一起上升。

如果你放棄了自己想要的東西，悲傷就會開始讓你不得安寧。

如果你還沒準備好面對現實、感受自己心裡悲傷或戰鬥的精神，內疚和良心不安就可能會像濃霧一樣悄悄地潛入你的心。

走出迷霧的第一步，就是發現自己到底想要什麼。

透過以下的小練習，你可以尋找自己在關係中想要的是什麼。

從某個你感到內疚的對象的角度，寫一封信給你自己。在信裡寫下一切你極度希望聽到對方說出的話。自由發揮你的想像力，無論你的理性思維會提出怎樣的反對意見。這些內容是否合乎現實，一點也不重要。試著深入探索你的內心，察覺你真實的想法。對方說了哪些話，你可能會感到開心且滿足？

魯納寫了以下這封信：

親愛的魯納，

我很開心你來看我。謝謝你過來，儘管我知道你有很多事情需要處理。你的來訪溫暖了我的心，這種感覺將可以持續很長的一段時間。

我很驕傲也很開心，能有一個像你這樣表現良好的兒子。我知道你的生活偶爾會變得困難。如果有任何我幫得上忙的地方，請你一定要告訴我。

愛你的父親

這封信讓魯納明顯察覺到，他多麼希望父親感到開心、覺得感恩、為他的兒子感到驕傲，並且保持好心情。

找出你可以改變的事情

當你找出自己想要什麼之後，就會來到某個相當重要的十字路口。你可能對這段出處不詳卻充滿智慧的禱告詞有印象：

主啊，求祢賜給我寧靜的心，去接受我不能改變的事；
賜給我勇氣，去改變我能夠改變的事；
並賜給我智慧，可以分辨這兩者的不同。

當你正在經歷情境中的一切，情緒和渴望全都糾結在一起的時候，要分辨「能夠改變」的事情和「只能接受」的事情並不容易。讓自己和當下的情況拉開一些距離，可以幫助你做出判斷。

想像你是一名警察。問問自己：

這當中有哪些論點是你可以改變的？

又有哪些論點是你反對的？

不要管你的情緒和直覺。這就是警察會採取的做法，因為情緒和直覺可能會受到你想要的目標影響。

問題和答案必須百分之百具體。比如說，魯納可以問自己：

我父親過得不好已經多久了？

他也曾經是個完全善盡本分的人嗎？

有其他人曾經試過幫助他嗎？

他們成功了嗎？

他有因此覺得感恩嗎？

他說過想要別人幫忙，或是他希望能夠以個人的身分成長嗎？

有沒有任何跡象能指出，他其實不想改變？

你可以寫下和自己的情況相關、具體的交叉檢驗問題。

接著寫下你的答案。

當你試著跳脫出來看待事情時，就可以釐清一切。如果你最終領悟到，你跟某個人的關係或面臨的狀況確實無法改變，你會感到悲傷，但是接下來就只是好好哭一場、把情緒都發洩出來、繼續往前走的事了。而在你哀悼的同時，良心不安會消失，但你想要的事情卻不會。你的願望是自己的一部分，你要承認它們的存在、用友善的眼光看待它們，這是很重要的——就算最後依然無法實現。

願望並沒有錯，它們充滿了生命。當你因為得不到想要的東西而感到悲哀時，若能同時支持這些願望，就能避免內疚和羞愧感。你還是能感覺到這些願望，也會遺憾自己無法得到它們。但是，為爭取想要的事物而戰、希望能夠改變某些事，與認輸、轉而把你的精力用在其他事情上，兩者其實有很大的不同。前者就像是你敲著一扇用磚塊堵住的門，卻因為打不開門而怪罪自己；而後者則像是你轉身去尋找另一扇可能已經打開一條縫的門。

有時候，你只是需要先接受當下的狀況，不是放棄你的願望。而其他時候，我們其實太快投降了，最好再度參戰。

當你太快放棄的時候

你不只會因為冀望某些你最好放棄的事情而浪費機會，反過來也一樣。莉妮雅放棄了對她來說可能不太實際的教育機會，要是她尋求幫助、再多相信自己一些就好了。麥茲則是拋棄了他的渴望——在確認過所有可能性之前找到女朋友。有些人實在太容易放棄了。如果你屬於這樣的人，就需要遵循不同的路徑，一條帶領你為了自己想要的東西而戰的路。

生活的其中一個平衡點，就是分辨何時該戰鬥、何時該放手。如果你的反應夠靈活，就會發現天平其實會不斷來回擺盪：這一刻你最好走開，而下一刻卻會出現某件事，讓你必須放手一搏去爭取。

通常你會比較擅長其中一種模式。如果你是一個習慣戰鬥的人，像一隻永不放棄的鬥牛犬，你就需要訓練自己放手——體驗隨之而來的釋放感。

你可以這樣練習

發現隱藏的情緒

回想一段曾讓你感到良心不安的關係。仔細想想，在你的內疚之下，是否隱藏著一些你不想面對的事或其他情緒？

- 是否有什麼事情可能惹你生氣？
- 有什麼事情是你忽略的？
- 是否有哪些是不被允許的快樂？

透過從另一方的角度寫信給自己，想清楚自己在關係中想要的是什麼。寫下你希望聽到對方對你說的話。如果你領悟到自己不會得到想要的東西，請為悲傷挪出空間。否則的話，你可能會需要發狂似地戰鬥去爭取。

本章重點整理

如果你的內疚和目前處境不成比例，它就可能會掩蓋憤怒、不被允許的快樂、無能為力的感覺，或是你還沒準備好要面對的悲傷。

分辨「能夠改變」的事情和「最好接受」的事情是很重要的。

你若是奮力想改變不能改變的事情，很有可能會把怒氣發洩在自己身上，讓它演變成內疚感。

第十三章

放下掌控一切的幻想

當你放棄某些期望，除了痛苦的感覺，你也可能會感到鬆一口氣。悲傷會帶出對其他人的關懷，而當你不再感到悲傷時，你就準備好要往新的可能邁進了。如果你能深入探索自己悲傷的感覺，內疚感就會逐漸消退，而且往往會消失殆盡。例如：

當我開始領悟到，姊姊和我再也不會像小時候那樣親密的時候，我被悲傷的感覺打敗了。姊姊一直都像我的母親一樣，她是我心中的磐石，和她在一起的時候，我感覺可以百分之百做我自己。

我實在無法忍受她的丈夫和小孩占據了她大半的生活。我試過各種方法讓姊姊覺得開心，希望能再讓她覺得我很重要——但因爲一再失敗，使得我總是對自己感到生氣。

現在，大多時候我明白，我必須面對自己的失落。但當我感到太悲傷時，我會把它放到一邊，幻想我可以做些什麼，好讓我們再變得親密。另一方面，我感覺我給自己太多壓力，到最後我只覺得良心不安。當我再度放棄希望，告訴自己：「親愛的艾達，妳想要的情景已經不可能發生了，但這並不是妳的錯。」悲傷就會以復仇的方式回到我身上。但接著我就感覺放鬆多了，對自己的觀感也變得更好了。

——艾達，32歲

有些人會掙扎非常久，就像心理治療師班特·佛克說的：「堅強的人受的苦最多。這些人花了太久的時間，就是無法認輸。」堅強的人會堅持長時間奮戰，耗盡他們的能量和精力。

艾達是位意志堅強的女性，不會輕易放棄。她遭受許多打擊、經歷一次又一次的失落，到最後甚至開始怪罪自己。儘管如此，她還是繼續奮戰了好幾年，直到她到達臨界點，終於能承認自己的失敗。

我們都知道拒絕放棄奮戰是什麼感覺，即便那會讓我們極度消耗，即便我們深知一切的努力註定會失敗。我們往往需要放棄掌控一切的幻想。

責任和掌控

承擔的責任或內疚愈多，相信自己擁有的影響力就愈多。而其中，可能會有某種形式的安全感。如果和伴侶的關係變差是你的錯，你同時也會是那個可以讓它變得更好的人；如果那不是你的錯，你就沒必要去拯救它了。對於它會往什麼方面發展，你其實沒有影響力。

孩童會迅速承擔比他們真正需要的更多的責任。他們常會高估自己的影響力，心理學領域稱之為「全能感」（omnipotence）。

有些人需要很長的時間，才能隨著年齡增長而改變全能的思維，包括我們的重要性、掌控和影響力。我們會承擔責任，針對超出掌控範圍的部分怪罪自己。例如：

我的約會對象讓我墜入了愛河。她擁有我夢寐以求的一切條件：漂亮、充滿魅力、腦袋好，而且幽默風趣。我們很快就變得親密，簡直是美夢成眞。直到三星期後，她突然不再接我電話。

我的心都碎了，我在自己的公寓裡來回踱步，無法平靜下來。當我回想我最後曾對她說過的每一句話，我總是忍不住啜泣，對一切感到無比後悔——這句話聽起來蠢斃了，那句話聽起來真是太自私了。我把每句話都放在顯微鏡下檢視，把自己批評得體無完膚。我也和自己達成協議，或許最糟糕的是我追求她的步調太快了。所以我決定要給她一些空間，之後再聯絡她。

一年後，我才想通，她從來就沒想過要和我發展深入的關係，我們之間只不過是一時的激情罷了。

——拉爾斯，38歲

拉爾斯立刻就為約會對象的離開負起全部責任。當我們發現自己面臨的狀況出現了意料之外、令人不快的反轉時，這其實是很典型的反應。只要我們承擔全部的責任，就可以繼續相信我們有辦法改變這個狀況。

拉爾斯花了好幾個月的時間才不再自責，並且領悟到他其實什麼也不能做，因為她就是不想再見到他了。

接下來，是我自己的親身經歷。

正如我在前面章節提過，多年來我因為和母親的關係感到內疚，並為此深受折磨。我的內疚感肇因於自己想掌控一切的幻想。我覺得如果我把每件事都做對，就可以讓母親變成一個情緒健康且溫暖的人。幾十年來，我一直怪罪自己，直到有一天，我終於想辦法放下了我的期望和掌控一切的幻想，並反過來感受自己的悲傷和無力感。直到那時候，內疚感才放過了我。

高估自己克服人生挑戰的能力，可能會很痛苦。

現在我才明白自己有多可笑，竟然承擔了這麼多遠超過我能掌控的責任。我實在太高估自己了！就像是小臘腸狗跑去攻擊德國牧羊犬，毫無意外地被打趴，因為牠根本沒有意識到，自己咬下的分量根本超過嚼得動的範圍。

我花了多年時間，才終於能對我覺得自己可以達到的成果一笑置之。當我意識到自己能掌控的範圍根本不是我認為的那樣，我就能感受到大量的情緒，而這些情緒中，幾乎一點焦慮的成分都沒有。處理這些情緒的方法，是向某人訴說，那會比你獨自面對還來得有效率。

當我們敢於面對自己的無能，接納其中包含的不安與悲傷，就會有豐厚的獎賞等著我們：我們將不會再一心想著內疚，並用良心不安折磨自己。

在非洲，人們會用裝滿堅果的箱子當陷阱來捉猴子。箱子的開口小到猴子只能勉強伸手進去。當猴子握住堅果時，因為拳頭太大了，無法伸出箱子外，因此會被牢牢固定在地上，猴子就這樣被困住了。同樣的道理，因為我們緊抓不放的東西太多了，所以被困在痛苦的掙扎中。有時候，放手正是通往自由的途徑。

讓你的憤怒轉化成悲傷

憤怒是一種戰鬥的能量。有時候，你會用它來對抗自己，但最後卻可能以壓力和憂鬱收場。

如果能正向地面對自己失去的東西，你就可以為它們哀悼。悲傷會為你帶來平靜，眼淚會激起別人充滿愛的支持。當你敢於分享自己和失去有關的感受時，就能帶出極大的愛與深刻的親密感。

寫一封告別信給你已經失去的東西，可以幫助自己把憤怒轉化成悲傷。也許你失去的不過是希望或夢想而已。試著深入探索你的內心，想像你最想要的事物，接著對曾經擁有它的感覺告別。在告別的程序中，「謝謝」永遠是很重要的詞彙。如果你能找到值得感謝的事物，就可以幫助你放手。

以下是魯納寫的告別信：

親愛的夢想，夢想要有一個溫暖、跟我親近的父親，有很多時間和精力可以陪我。我以爲自己是唯一能夠、並且應該確保自己實現這個夢想的人。

但這對我來說負擔太大了，讓我覺得自己像一個失敗者。不過，高估自己應該拯救了我的情緒健康。

因爲它給了我希望，非常感謝。

但它也給了我強烈的內疚感，讓我幾乎要跟著一起沉沒。

再見了，我的夢想。謝謝你的陪伴。

再見了，我的希望，希望看到父親成爲一個快樂的人。

再見了，我的夢想，夢想等我學會做對的事之後，跟父親能夠處得很好。

再見了，如果能和一個溫暖、跟我親近的父親相處的話，將會有充滿生命力的感覺。

再見了，覺得我家那老頭會看得見、在他的人生中會有我一席之地的感覺。

再見了，我從來不曾擁有過、未來也永遠不會有機會擁有的那些。

現在我再也不會去拉一扇永遠打不開的門了，而我也會把眼光放到別處，這樣我就有機會找到能打開的門。

愛你的魯納

以下是另一封告別信的例子，收信的對象是較為具體的事物：夢想接受學術教育。

親愛的夢想，夢想要接受學術教育。

你永遠不會有機會實現的，我現在已經明白了。但是我很享受幻想的感覺，幻想等我完成學業之後，我的人生會變得多美好。

儘管發生了許多事情，還是要謝謝你，爲了我在學習時曾有過的美好時光，以及我所學到的一切。現在我要放下你了。

再見了，我想接受學術教育的夢想。再見了，我所有的幻想和夢想，夢想我將如何慶祝自己拿到學位。

再見了，我一直想像自己拿到碩士學位的夢想。

再見了，我一直期待得到的所有讚賞。

再見了，看到我的父母會有多麼驕傲的期待。

我一直很享受這一切的夢想。再見了，也謝謝所有的夢想。

謝謝我自己，能夠把握機會、勇於嘗試。

哭完之後，我很確定我會找到另一個我可以應付得更好的教育。

愛你的約爾根

當我們放棄掙扎時，就可以把大量的內疚和自責感拋諸腦後。

再舉一個例子：

西塞兒一直為了體重跟自己過不去。她覺得自己腰部的脂肪太多了，就像她母親年輕時一樣。年輕的時候，她很看不起自己的母親，因為母親不肯靠節食來消除自己身上的那圈贅肉。但是，等到西塞兒有了孩子之後，她卻面臨了一模一樣的問題，為此她很生自己的氣。這是她寫的信：

親愛的夢想，夢想要跟模特兒一樣苗條。

現在我要放手讓你走了。

再見了我的希望，希望有一天我可以穿上生小孩之前買的牛仔褲。

再見了，覺得我比母親還厲害的感覺。

再見了我的希望，希望體重能降到我想要的數字。

再見了我的夢想，夢想能看著鏡中的自己，享受看到鏡中那名纖細女子的感覺。

再見了我的自信，靠著想像我能擁有苗條身材所獲得的自信。

現在我會再次出發，在其他領域尋找我的自信和自尊。

西塞兒敬上

當西塞兒放棄想變瘦的掙扎之後，她也擺脫了許多感受，包括失敗、無能，以及內疚。

你可以這樣練習

撰寫告別信

回想某個曾讓你感到內疚的情境。

仔細想想當時有什麼是你可以放下的，也許是希望，或是你一直努力想達到的某些目標。

寫一封告別信，好好品味內疚轉化成悲傷的感覺。

本章重點整理

意識到自己的影響力和能夠掌控的範圍是有極限的，可能會讓你鬆一口氣。放下你想要的事物，放棄戰鬥，找回平靜的心。

後記——

把仁慈傳出去

過度的內疚，是加諸在自己身上的折磨。我希望你能利用書中提到的工具，減少超出比例的內疚感。

出於理性的內疚感，是健康的反應，應該被認真看待。用友善的眼光看待自己，並不等於忽略你的過失與愚蠢的錯誤。面對現實是很重要的。承擔並接受自己的限制和失敗，同時對自己保有友善且開放的態度。

承認錯誤永遠不嫌晚。也許有些事情需要你去彌補，或者你只是需要原諒自己，確信針對你當時所知的一切，你已經盡力了。

如果你用嚴厲的眼光評斷自己，可能也會嚴厲地評斷他人。如果你對自己仁慈，你自然也會用同樣的方式對待別人。仁慈是有感染力的，可以像水裡的漣漪一樣傳播。

我希望這本書給了你目標和工具，令你可以努力接受自己和人生，並且用仁慈的眼光看待自己和他人。

15種內疚清理練習

以下將摘要本書提到的練習，但請注意，這些練習並非對每個情境都有用。你可以把這份摘要當做所有可能的總覽，先從那些和你面對的情境最相關的練習開始。

1. 彌補自己做錯的事

如果你真的對自己說過的話或做過的事感到抱歉，可以對牽涉其中的人表達你的歉意，甚至提議做出彌補。道歉並沒有任何限制規範。即便存在著不愉快，也沒有什麼理由讓你無法回到過去的關係中。

更多詳情，請閱讀第二章。

2. 修正你的守則

確認自己所遵循的守則，對你和所面臨的情境是否恰當。如果你太容易感到內疚，你的守則或行事準則或許太嚴格了。

更多詳情，請閱讀第四章。

3. 調整你對生活的期待

如果你覺得自己或你所愛的人不需要面對失敗、悲哀和危機就可以過日子，一旦失望的感覺湧入，並讓大家都感到震驚的時候，就會產生太多需要分擔的責任。

更多詳情，請閱讀第四章。

4. 和別人一起分擔責任

如果可以和別人一起分擔，就沒有理由一肩扛下所有責任。除了你，還有誰也對某個特定的狀況有影響力？列出一張清單，並把責任分配給清單上的所有人。可能的話，在每個人身上加上應該承擔的責任百分比。分配給別人的責任愈多，你感到的內疚就會愈少。即便你卸下了一些責任，你還是可以負起全責，讓狀況從這一刻起變得更好。在某些情境當中，這樣做是最明智的舉動。

更多詳情，請閱讀第三章。

5. 把心裡的憤怒發洩出來

寫信給其他也有錯的人，開誠布公地說明他們應該分擔的責任，告訴他們應該做或已經做的事情是什麼。信件不必寄出，它們的用意單單是為了你自己。這些信或許會讓你想找所處情境中一個或多個也有責任的人談談，或者它們只會讓你開始用友善的眼光看待自己。

更多詳情，請閱讀第三章。

6. 檢查你的內疚是否出於理性

寫一封內疚信和一封道歉信。在寫信的同時，你最有可能發現內疚當中不理性的部分，那可能是你不自覺排除的。

請參閱第十一章的說明。

7.原諒你自己

你要決定不再為自己所犯的錯做出補償。不要用餘生來懲罰自己，而是要專注在你從此刻起所擁有的機會。

更多詳情，請閱讀第十章。

8.檢查是否有其他隱藏的情緒

內疚感有時會掩蓋其他情緒。試著查明你在一段關係中想要或嚮往的是什麼。

問問你自己：

有什麼事情讓我感覺很差嗎？

我失去了什麼嗎？

有什麼事情是我懷念的？

我在生那個人的氣嗎？

即便我覺得這樣有點不恰當，我也真的感到開心嗎？

更多詳情，請閱讀第十二章。

9. 你是否經營過有人缺乏責任感的關係？

你必須明白，在一段關係中，若對方缺乏責任感，你可能會因為攬下過多責任讓自己被壓垮，而那其實應該是別人的責任。你或許需要在自己和他人的關係中設立界線。

更多詳情，請閱讀第九章。

10. 放棄戰鬥

內疚是壓抑的憤怒，憤怒是來自戰鬥精神的能量。有時候，我們面臨的戰鬥是贏不了的，或者需要付出的代價實在太高。仔細想想自己到底為何而戰，並考慮目標是否實際可行。你或許會因為放下希望和戰鬥而感到釋放。

更多詳情，請閱讀第十二章。

11. 和內疚成為朋友

我們最大的問題，往往在於為了擺脫情緒所做的一切。要提醒自己，情緒其實不危險，並要樂於接納它們。請對你的內疚感到好奇，仔細檢視它。不要讓這種感覺牽著你的鼻子走。對自己和你的價值觀誠實，並用你的尊嚴去忍受內疚。

更多詳情，請閱讀第五章。

12. 把內疚視為附加稅額

當你做了不符合他人希望或期待的舉動，你或許會害怕他們生氣或評斷你。請訓練自己可以和恐懼共處，也接受你因為無法讓大家都開心而悲哀的感覺。告訴自己，內疚感是你必須付出的代價，因為你做了真心覺得正確的舉動。

更多詳情，請閱讀第五章。

13. 把責任奉還給別人

如果你曾在過去的某段時間讓別人感到痛苦，你可以表達自己的悔恨和對那件事的遺憾。但不要為此做出補償，也不要覺得你有責任確保對方的生活過得很好。對方若是成年人，只有他或她自己才是唯一能承擔責任的人。承擔了屬於對方的責任，並不是件好事。

更多詳情，請閱讀第十一章。

14. 承認你也有責任

如果你做的決定傷害了別人，對每個人來說最好的方式，就是承認你也有責任。不要一直想證明你做得沒錯。承擔自己應該負起的責任很勇敢，也很值得讚許。感受一下這麼做會讓你有多大的成長。

更多詳情，請閱讀第十章。

15. 仁慈地對自己說話

買一本筆記本，每天寫下三件具體事蹟以表揚自己，並持續三到四個月。這項練習可以訓練你用友善的眼光看待自己。

更多詳情，請閱讀第二章。

內疚檢測解析

分數愈高，代表的意義是？

第1組問題評估的是你會產生「不理性」內疚的傾向；第2組問題評估的是可能出於「理性」的內疚。

得分愈高，表示你愈負責，也愈可能因為內疚而不堪負荷。

第1組總分

第1組的所有問題，都跟你無法掌控的事情有關。例如你的感覺或是你想達到的目標。換句話說，這就是不理性的內疚和過度的責任感。只要有任何一題的分數是0分以上，就表示你產生了不理性的內疚感。

你的總分愈接近44分，以下描述的特質就可能愈適用於你的情況：

你是讓別人可以依靠的人。

你會很希望身邊的每個人都能一直感到開心。

如果別人想要推卸屬於他們的責任和內疚感，你很容易就會成為他們的目標。

對你來說，當個好朋友、好夥伴、好父母是很重要的，甚至要好到趨近於完美。

你會認真看待別人的批評，因為你往往很容易接受這些批評，毫不質疑這些批評是不是真的。

對你來說，設立界線是很困難的。

你很容易就會成為霸凌的目標。

你因為內疚和無能的感覺而不堪負荷。

利用本書提到的練習處理自己的內疚，你在這一組題目的總分就會下降，你的人生也會變得比較輕鬆。

第 2 組總分

你的總分愈接近52分，就表示你在關係中愈認真，以下的特質也就愈可能適用你的情況：

對你來說，當個好朋友並信守承諾是很重要的。

如果某個跟你親近的人心情不好，你會在能力所及的範圍內伸出援手。

對別人的痛苦，你會很願意考慮到自己是否需要承擔部分的責任；如果確實如此，你也已經準備好要做出彌補。

你如果犯了錯，不需要其他人來糾正你，因為你會立刻怪罪自己，並且努力確保之後不會再發生同樣的情況。

衝突發生之後，你會保有彈性，並願意和對方各退一步。

對你來說，和氣待人是很重要的。

雖然第 2 組的所有問題，都跟你有影響力的情境有關，只是或大或小，但你的內疚還是可能會不成比例。因此，你在第 2 組問題的總分不只會指出你理性的內疚，也包括了不理性的內疚。

高分表示對方，或是你與對方的關係……

如果你想著某段關係的總分比其他關係還要高，比起你自己的狀態，測驗結果更能表示這段關係的狀態。仔細想想以下的一個或多個敘述是否屬實：

- **對方對你意義重大**

  對於我們最愛的人，我們會產生強烈的情緒。負面情緒也是如此，比如憤怒和內疚。

- **對方對你的生活或處境有很大的影響力**

  比如老闆、房東或合夥人。

- **對方很依賴你**

  如果對方得了重病，要是沒有你的幫助，他就沒辦法照顧好自己，你自然會承擔更多責任。

- **你對對方意義重大**

  你知道對方對你的評價很高。比如說，如果你是取消聚會的人，他會比較失望。

- **對方是你的孩子，而且還未成年**

  孩子還小時，我們對他們有非常特殊的責任。

● 對方缺乏責任感

你可能注意到對方過得並不好，但他並沒有負起責任改變自己的處境或是獲得必要的幫助。你很難眼睜睜看著對方痛苦。

● 對方覺得自己比較好

如果對方把自己視為無辜的受害者、覺得自己比別人厲害（或許從外表看起來就是那樣），最終你就容易覺得自己無能。有些人會對自己的完美有如此確信的態度和信念，導致他們身邊的人往往在某些方面對自己沒有自信。

● 對方指派給你的，是你無法扮演的角色

也許你的父親或母親表現得很不負責任，但他們還是希望你扮演成年人的角色，承擔責任。就算你再怎麼有意識，也幾乎看不到這樣的訴求。它們可能會是某個眼神、某種臉部的表情或語氣，呼求你接下屬於他們的責任。另一個角色混淆的例子，則可能會在你的伴侶把你當成他的父親或母親時出現，你會感覺自己被迫無條件地愛他，就像理想中的父母那樣。在這樣的情況下，你或許會因為無法符合對方的期待，而體會到極大的內疚感。

對測驗結果持保留態度

別忘了，根據你做測驗時心中想的對象不同，測驗結果會有所差異。如果對方和你很親近（比如你的孩子），得到的總分就會比想著某個較不親近的對象時還要高。

此外，測驗針對某人的說明從來就不夠全面，因為有太多未被考量的層面。測驗結果也會因為你當天的心情或生活狀況而有所出入。

Eurasian Publishing Group 圓神出版事業機構 用心與你對話．視野無限寬廣
究竟出版社 Athena Press

www.booklife.com.tw reader@mail.eurasian.com.tw

心理 060

內疚清理練習：寫給總是過度苛責自己的你

作　　者／伊麗絲・桑德（Ilse Sand）
譯　　者／黃怡雪
發 行 人／簡志忠
出 版 者／究竟出版社股份有限公司
地　　址／臺北市南京東路四段50號6樓之1
電　　話／（02）2579-6600・2579-8800・2570-3939
傳　　真／（02）2579-0338・2577-3220・2570-3636
總 編 輯／陳秋月
副總編輯／賴良珠
外製編輯／巫芷紜
校　　對／林雅萩・賴良珠
美術編輯／蔡惠如
行銷企畫／詹怡慧・曾宜婷
印務統籌／劉鳳剛・高榮祥
監　　印／高榮祥
排　　版／杜易蓉
經 銷 商／叩應股份有限公司
郵撥帳號／18707239
法律顧問／圓神出版事業機構法律顧問　蕭雄淋律師
印　　刷／祥峯印刷廠
2020年10月　初版
2023年8月　9刷

See Yourself with Friendly Eyes
Copyright © 2020 by Ilse Sand
Original Danish edition published by Ilse Sand and Gyldendal publishing house
Complex Chinese edition is published by arrangement with Ilse Sand through
Japan Creative Agency Inc., Tokyo, Japan
Complex Chinese edition copyright © 2020 by Athena Press, an imprint of
Eurasian Publishing Group
All rights reserved.

定價 300 元　ISBN 978-986-137-304-1 版權所有・翻印必究
◎本書如有缺頁、破損、裝訂錯誤，請寄回本公司調換　Printed in Taiwan

人需要愛與工作、全心投入，
人能從群體之中感受到超越自我的意義感。
只有這樣，才能擁有有意義的人生。
只要你能與這幾個客體之間建立美滿的關係，
人生的目的及意義就會自然浮現出來。你會意識到，
你的人生是好的。

——強納森 海德，《象與騎象人》

◆ **很喜歡這本書，很想要分享**

圓神書活網線上提供團購優惠，
或洽讀者服務部 02-2579-6600。

◆ **美好生活的提案家，期待為你服務**

圓神書活網 www.Booklife.com.tw
非會員歡迎體驗優惠，會員獨享累計福利！

國家圖書館出版品預行編目資料

內疚清理練習：寫給總是過度苛責自己的你／
伊麗絲．桑德（Ilse Sand）著；黃怡雪 譯.
-- 初版 -- 臺北市：究竟，2020.10
240面；14.8×20.8公分 --（心理；60）
譯自：Venlige øjne på dig selv : Slip overdreven dårlig samvittighed
ISBN 978-986-137-304-1（平裝）

1. 自我實現　2. 生活指導　3. 愧疚感

177.2　　109012536